RECHT
UND
SITTLICHKEIT

VON

RUDOLF LAUN

DRITTE ERWEITERTE UND VERMEHRTE AUFLAGE

BERLIN
VERLAG VON JULIUS SPRINGER
1935

ISBN-13: 978-3-642-98456-3 e-ISBN-13: 978-3-642-99270-4
DOI: 10.1007/978-3-642-99270-4

Vorwort zur dritten Auflage.

Soweit der Fortgang meiner Arbeiten und der hier zur Verfügung gestellte Raum es gestatten, habe ich nunmehr die Gedanken, die ich zuerst in meiner Rektoratsrede der Öffentlichkeit vorgelegt habe, in einigen neuen Abschnitten weitergeführt. Als erster Abschnitt ist der Urtext der Rede unverändert abgedruckt, da er in dieser Gestalt verschiedentlich zitiert worden ist. Einige kurze Bemerkungen sind unter dem Strich hinzugesetzt.

Die Seitenzahlen des ursprünglichen Drucks sind im ersten Abschnitt in Schrägschrift (*17*, *1* usw.) beigefügt, und zwar an erster Stelle die Seitenzahl der amtlichen Ausgabe: „Hamburgische Universität, Reden, gehalten bei der Feier des Rektorwechsels am 10. November 1924“, an zweiter Stelle jene der Sonderausgabe und der unveränderten zweiten Auflage.

Der Text der vorliegenden dritten Auflage ist im wesentlichen im Frühjahr und Sommer 1934 in Hamburg abgeschlossen worden. Noch ehe an die Drucklegung geschritten werden konnte, hat mich im Sommer 1934 eine sehr ehrenvolle Einladung des Department of Political Science der University of Michigan zur Abhaltung von Vorlesungen und Seminarübungen aus dem Völkerrecht und der Staatslehre als visiting professor nach Ann Arbor Michigan gerufen. Während ich hier die letzte Hand an die Korrekturen dieser Arbeit gelegt habe, hat die Law School der hiesigen Universität mir die ganz besondere Auszeichnung zuteil werden lassen, mich für das beginnende Sommersemester mit der Leitung eines speziellen Fakultätsseminars zur Aussprache über Fragen der Rechtsphilosophie, der juristischen Methode und der Pädagogik des öffentlichen Rechts im Kreise der Fakultätskollegen zu betrauen. Die Fakultät will damit, einer sehr dankenswerten Initiative ihres Decan Professor Henry M. Bates folgend, etwas Neues schaffen und es auch in der Zukunft durch Heranziehung von Ausländern fortsetzen (The Ann Arbor Daily News Nr. 57 vom 7. März 1935, Seite 1 und 14, und andere Blätter).

Außerdem hat mich hier eine ebenso ehrenvolle Anfrage der Fundación Nacional para Investigaciones Científicas y Ensayos de Reformas in Madrid erreicht, ob ich bereit wäre, durch mehrere Jahre am Instituto de Estudios Internacionales y Económicos in Madrid Universitätsseminarübungen nach deutschem Muster zu leiten, eine Einladung, der ich vielleicht später für eine heute noch nicht bestimmbare Zeit nachkommen zu können hoffen darf.

Diese Umstände haben für mich die schon vordem erwogene Frage abermals aufgerollt, ob es sich nicht empfohlen hätte, im fünften und sechsten Abschnitt Beispiele aus außerdeutschem Recht heranzuziehen. So hätte es neuestens ganz besonders nahe gelegen, der Gleichung Mark gleich Mark des Reichsgerichtes die Gleichung Dollar gleich Dollar der Goldklauselentscheidung des Supreme Court der Vereinigten Staaten von Amerika vom 18. Februar 1935, vielleicht auch Judikate aus anderen Ländern über derartige Währungsfragen zur Seite zu stellen.

Äußere Gründe nötigen mich jedoch, den Text unberührt zu lassen. Sachlich ändert sich ja nichts, gleichgültig, aus welcher Rechtsordnung man die Beispiele wählt.

Aus den erwähnten Gründen der Rücksichtnahme auf den Text habe ich auch darauf verzichten müssen, noch nachträglich auf verschiedene Äußerungen aus letzter Zeit zu meinen Lehren einzugehen, wie zum Beispiel auf jene von Toyowo Ohgushi in der Zeitschrift des Kaiserlichen Instituts für nationale Kultur, Tokyo, 1934, Heft 5, S. 38 ff., oder von Lea Meriggi in der Revue de Droit international et de Législation comparée, 1934, Nr. 3, S. 13 ff.

Ann Arbor Michigan, im März 1935.

Der Verfasser.

Vorwort zur zweiten Auflage.

Als ich vor nun mehr als zwei Jahren meine Inaugurationsrede über „Recht und Sittlichkeit" hielt, betonte ich, daß ich nur knappe Umrisse zeichnen könne und die Ausführung späterer Arbeit vorbehalten müsse. In der Tat bereitete es mir Schwierigkeiten, den unabsehbar großen Stoff in den Umfang einer Stunde Redezeit zusammenzupressen. Ich beabsichtigte, gleich nach Ablauf des Rektoratsjahres eine größere Arbeit über den gleichen Gegenstand, mit dem ich mich schon seit längerer Zeit beschäftigt hatte, zu beginnen.

Es ist jedoch anders gekommen. Das Vertrauen meiner Kollegen hat mir das Rektorat noch ein zweites Mal, für das Jahr 1925/26, übertragen und ich konnte erst Ende Oktober 1926 die Rektoratsgeschäfte übergeben, nachdem ich sie fünfundzwanzig Monate hindurch, einen großen Teil der Zeit ohne Syndikus, geführt hatte. Nach so langer Zeit stark geminderten wissenschaftlichen Arbeitens habe ich sehr viel nachzuholen und kann nicht sogleich literarisches Schaffen größeren Umfangs in Angriff nehmen. Dazu sind andere Aufgaben an mich herangetreten, die nicht gut abgewiesen werden konnten, wie meine Vorlesungen an der Académie de droit international im Haag, die demnächst im Druck erscheinen sollen, Geschäfte des Prorektorates, die Leitung des Instituts für Leibesübungen der Universität und eine etwas stärkere Tätigkeit für das hamburgische Oberverwaltungsgericht, dem ich während der beiden Rektoratsjahre nur wenig Zeit habe widmen können.

Diese Gründe nötigen mich, dem Wunsch des Verlags nach Veranstaltung einer neuen Auflage in der Weise zu entsprechen, daß ein unveränderter Abdruck veröffentlicht wird. Kleinere Zusätze oder Änderungen wären gegenüber der gegebenen Form der Rede, wie sie nun einmal wirklich gehalten worden ist, nicht am Platze. Eine größere Umarbeitung, die Ausgestaltung zu einem Buch, die meine Absicht war und ist, muß ich aus den angeführten Gründen noch einmal der Zukunft überlassen.

Hamburg, im März 1927.

Der Verfasser.

Inhaltsverzeichnis.

I. Recht und Sittlichkeit[1].

Sehr geehrte Versammlung, werte Herren Kollegen, liebe Kommilitonen!

(*17*, *1*) Einer alten akademischen Überlieferung folgend, übernehme ich das Zeichen des Amtes von meinem hochgeschätzten Herrn Vorgänger und ich bitte, ihm vor allem Dank sagen zu dürfen für die schönen und freundlichen Worte, die er soeben gesprochen hat.

Ich danke ihm auch namens der Universität, des akademischen Senates und der Fakultäten für alles, was er während seines abgelaufenen Rektoratsjahres für die Universität geleistet hat, für all seine vielen wertvollen und erfolgreichen Bemühungen, für das hohe Maß an Begabung, Arbeitskraft und Arbeitszeit, das er in den Dienst seines Amtes gestellt hat. Die Universität wird ihm dies alles nicht vergessen.

Gemäß einem schönen akademischen Brauche bitte ich ferner, zu der heutigen Feier einen Beitrag durch Betrachtungen aus meinem Forschungsgebiete leisten zu dürfen. Sie sollen einen Gegenstand behandeln, der für uns alle von der größten Bedeutung ist, von den Grundlagen unserer Weltanschauung bis zu den unmittelbar praktischen Entscheidungen des Alltags im Privatleben, im Recht und in der Politik. Es ist die Frage: Recht und Sittlichkeit.

In der kurzen Spanne Zeit, während welcher ich Ihre Geduld in Anspruch nehmen darf, kann ich allerdings nur knappe Umrisse zeichnen, vergleichbar den wenigen Strichen, mit denen ein Maler ein Porträt zuerst skizziert, bevor er es ausführt. Auch ich muß, wie jener Maler, die Ausführung späterer Arbeit vorbehalten.

Unsern Ausgangspunkt bildet das Werturteil, das Urteil über Gut und Böse, und das ihm entsprechende Erlebnis des (*18*, *2*) Sollens, der Pflicht, des Gebots, Befehls, Imperativs,

[1] Unveränderter Abdruck der Rektoratsrede vom 10. November 1924.

der Norm, oder mit andern Worten, die Frage: Was soll ich? oder Was ist gut?

Daß die Antwort auf diese Frage nicht schon aus der göttlichen Ankündigung einer Belohnung oder Strafe, noch aus physikalischen oder physiologischen Naturgesetzen abgeleitet werden kann, sondern daß das Werturteil ein Urteil eigener Art ist, hat schon Shaftesbury erkannt. Aber er hat diese Gedanken nicht zu Ende gedacht[1].

Erst Kant hat bekanntlich eine neue, von religiösen Dogmen und von Naturgesetzen unabhängige Ethik begründet, indem er den Gegensatz zwischen dem Geschehen und dem Sollen als einen Gegensatz von nicht weiter ableitbaren Formen unserer Erkenntnis begreift[2].

Dieser Gegensatz zwischen dem Geschehen und dem Sollen ist in der Tat für unser ganzes Denken grundlegend. Er beherrscht sogar in steigendem Maße unsere oberste Einteilung der Wissenschaften[3]. Wir unterscheiden Kausalwissenschaften und Norm- oder imperativische Wissenschaften. Die ersteren fragen, was ist, die letzteren, was soll sein.

Ethik und Rechtswissenschaft gehören beiden Gebieten an. Zum Teil behandeln sie die bestehenden Sitten und Rechtseinrichtungen kausal, beschreibend und erklärend, historisch, psychologisch, soziologisch. Zum Teil aber fragen sie: was soll ich tun, was bin ich verpflichtet zu tun? Wir sprechen dann von imperativischer oder normativer Ethik und Rechtswissenschaft. Die Juristen nennen die imperativische Behandlung des Rechts mit Vorliebe die dogmatische. Imperativisch oder dogmatisch arbeitet auch die Praxis der Gerichte, Behörden, Rechtsanwälte und die gesamte juristische Literatur, soweit sie auf praktische Anwendung abzielt. Denn in allen diesen Fällen will man nicht kausal beschreiben oder erklären, sondern die Frage beantworten: was soll geschehen, was ist recht oder unrecht?

Wie kann man nun die Frage: was soll ich? beantworten?

Wir stehen hier vor einer großen Schwierigkeit. Aus dem Ge-

[1] Vgl. meine Arbeit: Der Wandel der Ideen Staat und Volk als Äußerung des Weltgewissens, Barcelona und Berlin 1933, S. 330.

[2] Vgl. unten, Abschn. II und IV, S. 28ff., 60ff.

[3] Genauer: der materialen Wissenschaften. Vgl. meine Arbeit: La Démocratie, Paris 1933, S. 9ff.

schehen kann man kein Sollen ableiten. Daraus, daß die (*19, 3*) Kausalwelt irgendwie abläuft, folgt noch nicht, daß ich oder irgend jemand irgend etwas soll. Zum Beispiel, daraus, daß der eine etwas befiehlt oder erzwingt, ergibt sich nicht der Schluß, daß der andere verpflichtet ist, zu gehorchen.

Für das Gebiet der Sittlichkeit haben Kant und alle auf ihm weiterbauende imperativische Ethik die Schwierigkeit vermieden. Kant lehrt, das Sittengesetz ist autonom, jeder Mensch ist „nur seiner eigenen und dennoch allgemeinen Gesetzgebung unterworfen". Das heißt, wer eine sittliche Pflicht erfüllt, gehorcht einem Gesetz, das er sich, wenngleich in der Überzeugung seiner Allgemeingültigkeit, selbst gegeben hat[1].

Wie aber steht es nun mit dem Recht?

Alle Juristen, Theoretiker und Praktiker, sind seit jeher darin einig gewesen, daß das Recht heteronom sei, d.h., daß uns im Recht nicht der eigene, sondern ein fremder Wille, jener des sogenannten Gesetzgebers, binde.

Gleichzeitig gelangen alle, die den Gegensatz der Erkenntnisformen des Geschehens und Sollens einmal erfaßt haben, mit unausweichlicher Notwendigkeit zu der Schlußfolgerung, daß das Recht ein Sollen sei.

Das Recht gilt also als heteronomes Sollen, d.h., als ein System von Geboten, Imperativen, Pflichten, deren Inhalt uns ein fremder Wille, eben jener des Gesetzgebers, auferlegt — sei es, daß dieser Wille uns unmittelbar verpflichte, wie die meisten kritiklos annehmen, sei es, daß er uns nur mittelbar binde, indem das Recht seine Autorität aus dem Sittengesetz ableitet, wie bei Kant, oder indem wir uns dem Recht als einem Ganzen durch eine allgemeine Annahme, oder, wie Radbruch beispielsweise sagt, „gleichsam durch Blankoakzept" unterwerfen[2].

Dieser Auffassung der Wissenschaft und Praxis vom Recht als einem heteronomen Sollen muß ich jedoch widersprechen. Wenn wir uns nicht mit kausaler Beschreibung und Erklärung begnügen, sondern die Frage beantworten wollen: was soll ich? — und wir müssen diese Frage aufwerfen — so muß ich behaupten: (*20, 4*)

---

[1] Vgl. unten, Abschn. IV, S. 60ff.

[2] Vgl. meine Arbeit: Der Wandel der Ideen Staat und Volk, S. 357ff., 384ff.

Die Gebote des Rechts sind Gegenstand der Selbstgesetzgebung, sie sind autonom.

Die Gebote des Rechts sind autonom, d.h., wer einem rechtlichen Sollen — nicht etwa einem Müssen, einem Zwang, sondern einer Rechtspflicht — gehorcht, befolgt damit nur ein Gesetz, das er sich seinem ganzen Inhalt nach in jedem einzelnen Anwendungsfall selbst gegeben hat[1].

Um diese meine Behauptung begründen und ausführen und weiterhin Folgerungen ableiten zu können, sei mir gestattet, zunächst bis zur letzten und allgemeinsten Voraussetzung zurückzugehen, nämlich zur Erkenntnisform des Sollens, des Befehls, des Imperativs.

Auch hier sind die Grundlagen unseres Denkens bei Kant zu finden, allerdings in einer Form, an der ich zum Teil Kritik üben muß.

Kant lehrt bekanntlich, alle Imperative seien entweder hypothetisch oder kategorisch. Die hypothetischen Imperative gebieten eine Handlung als Mittel zu einem Zweck, der kategorische dagegen ohne Beziehung auf einen andern Zweck, als an sich gut. Kategorisch sei daher nur das Sittengesetz, das uns als ein höchster Zweck, als ein Zweck an sich selbst, unmittelbar verpflichte. Alle andern Imperative seien hypothetisch, sie seien Imperative der Geschicklichkeit oder der Klugheit. Ob der Zweck sittlich sei, dem sie als Mittel dienen, darauf komme es gar nicht an. Beispielsweise befolgen der Arzt und der Giftmischer beide dieselben Vorschriften, der eine, um seinen Patienten sicher gesund zu machen, der andere, um sein Opfer sicher zu töten.

Hypothetische Imperative sind nach Kant auch die Rechtsgesetze, die, im Gegensatz zum autonomen Sittengesetz, als heteronome Gesetze erfaßt werden. Das Sittengesetz ist im Sinne Kants kategorisches Sollen, die Rechtsgesetze sind hypothetisches Sollen.

Hier wird demnach ein Gegensatz zwischen den Denkformen des Kategorischen und des Hypothetischen behauptet. Vielleicht sollte man lieber vom Unbedingten und Bedingten sprechen. Denn der Ausdruck „kategorisch“ wird, wie ich an anderer *(21, 5)* Stelle, im Archiv des öffentlichen Rechts, Bd. 34, darzulegen ver-

[1] Vgl. zum Folgenden unten, Abschn. II und IV, S. 28ff., 60 ff.

sucht habe, für die Bezeichnung des kontradiktorischen Gegenteils zu „disjunktiv“ benötigt[1].

Ich sehe mich nun genötigt, zu behaupten, daß der größte aller Denker bei seiner Lehre vom Imperativ den Imperativ als Erkenntnisform, das Sollen im Gegensatz zum Geschehen, nicht genügend scharf von dem Imperativ als bloß sprachlichem Ausdrucksmittel unterschieden hat.

Die Grammatik kennt allerdings bedingte und unbedingte Befehlssätze. Dies hat aber mit unserer Frage nichts zu tun. Denn sprachlich kann man die verschiedensten Sätze unbedingt formulieren, nicht nur gerade das Sittengesetz.

Faßt man aber nicht die sprachliche Form, sondern den logischen Inhalt ins Auge, so muß man folgendermaßen schließen: Das Verhältnis zwischen Mittel und Zweck ist ein kausales. Kants hypothetische Imperative drücken das Verhältnis von Mittel und Zweck aus. Folglich sind sie Aussagen über eine Kausalbeziehung. Aus dem kausalen Geschehen kann aber kein Sollen abgeleitet werden. Daher bedeuten sie nach Kants eigener Unterscheidung des Sollens vom Geschehen kein Sollen, keinen Imperativ, sondern ein Geschehen.

Kant selbst hat wohl gefühlt, daß die hypothetischen Imperative zum kategorischen Imperativ noch in einem andern Gegensatz stehen als in jenem des Bedingten zum Unbedingten. Er hat dies mehrfach angedeutet, so, wenn er sagt, daß die Imperative der Klugheit „genau zu reden, gar nicht gebieten“, daß sie „eher für Anratungen (consilia) als Gebote (praecepta) der Vernunft“ zu halten seien. Aber er hat sie doch als Imperative, als Sollen behandelt. Insbesondere hat er die rechtlichen Imperative, obwohl sie doch nach ihm nur hypothetische sind, mit den Imperativen der Sittlichkeit zu dem Begriff der „Gesetze der Freiheit“ vereinigt und beide zusammen als Gesetze des Sollens, als „moralische“ Gesetze den Naturgesetzen, den Gesetzen des Müssens gegenübergestellt. Als Aussagen über Kausalbeziehungen sind aber die sogenannten hypothetischen Imperative gar nicht *(22, 6)* Ausdruck eines Sollens, daher auch keines bedingten Sollens, sondern Aussagen über ein bedingtes Müssen.

---

[1] Vgl. meine Arbeit: Kategorische und disjunktive Normen, im Archiv des öffentlichen Rechts, Bd. 34, 1915, S. 162ff.; vgl. auch unten, S. 105.

Dies zeigt uns Kants eigenes Beispiel. Die Kunstregeln über die Mischungsverhältnisse von Arzneien und Giften sagen mir nicht, daß ich ein bestimmtes Mischungsverhältnis anwenden soll, sondern, daß ich es zufolge kausaler Notwendigkeit anwenden muß, wenn ich eine Krankheit heilen oder einen Menschen töten will. Das ist kein bedingtes Sollen, sondern bedingtes Müssen.

Ein anderes Beispiel: Die Regeln der englischen Grammatik sagen mir nicht, daß ich in bestimmten Formen sprechen soll, sondern daß ich kraft kausaler Notwendigkeit so sprechen muß, wenn ich wie ein Engländer sprechen und verstanden werden will. Ist mir dies dagegen gleichgültig, will ich z. B. gar nicht Englisch lernen, so fällt die Bedingung des Müssens weg, die Regeln der Grammatik gehen mich nichts an. Ein Sollen, eine Verpflichtung enthalten sie nicht.

Nun kann allerdings auch dasjenige Verhalten, welches der sog. hypothetische Imperativ zum Gegenstand seiner Aussage macht, ebenso wie jedes andere kausale Verhalten zum Inhalt eines Sollens werden. Z. B.: wir nehmen an, der Arzt sei — sittlich oder rechtlich — durch seinen Beruf verpflichtet, einen Kranken nach bestem Wissen zu heilen, oder jemand sei ebenso beruflich verpflichtet, nach besten Kräften Englisch zu lernen. Dann werden die Kunstregeln, die „hypothetischen Imperative" der Therapie oder der englischen Grammatik mittelbar zum Gegenstand eines Sollens. Aber auch dann ist das bedingte kausale Müssen von dem Sollen zu trennen. Die Kunstregeln der Therapie oder der englischen Grammatik verbinden mich nicht unmittelbar als solche, sondern meine Verpflichtung hat einen ganz außerhalb dieser Regeln gelegenen besonderen rechtlichen oder sittlichen Grund. Fällt dieser weg, so zeigt sich, daß jene Regeln kein Sollen, keine Pflicht zum Gegenstand haben.

Wir sind demnach zu dem Ergebnis gelangt: Ein Imperativ im sprachlichen Sinne ist entweder heteronom, dann (*23, 7*) kann er kein Sollen bedeuten; oder er bedeutet ein Sollen, dann kann er nicht heteronom sein. Wenn wir versuchen, diesen Gedanken aus der Sprache der Philosophen in unser geliebtes Deutsch zu übertragen, so können wir etwa sagen: Ein Satz, der mir etwas befiehlt, ist entweder der Ausdruck eines mir fremden Willens, dann kann er mich nicht verpflichten; oder er verpflichtet mich, dann kann er nicht Ausdruck eines fremden Willens sein.

Da wir nun im Recht Pflichten, ein Sollen, suchen, so kommen wir zu der Schlußfolgerung: Die Gebote des Rechts können nicht Ausdruck eines fremden, sondern nur des eigenen Willens sein, die Gebote des Rechts sind autonom.

Damit ist aber die gestellte Frage noch nicht erledigt. Tatsächlich gibt es zweifellos eine Menge von Befehlen, welche die einen erlassen und die andern befolgen, also von Befehlen, welche uns als heteronom entgegentreten. Es sind dies die Vorschriften des sogenannten „positiven Rechtes".

Nach der herrschenden Anschauung sind die Entstehungsquellen des positiven Rechtes:

1. Gewohnheiten, das sogenannte Gewohnheits- oder ungeschriebene Recht;

2. Gesetze und Staatsverträge, das sogenannte geschriebene oder gesetzte Recht;

3. daneben nach der überwiegenden Meinung auch die Befehle eines Machthabers oder Siegers, denen sich die Schwächeren oder Besiegten tatsächlich beugen, ohne daß eine längere Gewohnheit und ohne daß die Einhaltung einer bestimmten Gesetzes- oder Vertragsform vorausgesetzt wird, so insbesondere im Falle der Revolution, des Staatsstreiches und des zwischenstaatlichen Diktats.

In allen diesen Fällen will ein fremder Wille, jener der Gesetzgeber, Behörden oder sonstiger an der Macht befindlicher Personen, sich die andern unterwerfen.

Aber alle jene an der Macht befindlichen Personen mögen tun was sie wollen, Gesetze beschließen, unterschreiben, im Gesetzblatt abdrucken, Gewalt zu ihrer Durchsetzung anwenden, aus (*24, 8*) dem allen ergibt sich nicht, daß irgend jemand gehorchen soll. Aus Reden, Unterschriften, bedrucktem Papier und Bajonetten folgt noch immer keine Pflicht. Das sogenannte positive Recht hat demnach gar kein Sollen zum Inhalt, sondern nur gegebenenfalls ein bedingtes Müssen[1].

Ein Müssen bedeutet es, wenn und soweit der Gehorsam oder Ungehorsam Rechtsfolgen nach sich zieht.

---

[1] Vgl. hierzu und zum Folgenden unten, Abschn. III, S. 42ff.

Solche Rechtsfolgen sind in erster Linie für alle irgendwie religiös fundierten Rechtsordnungen Belohnungen und Strafen im Jenseits, an welche die Rechtsunterworfenen glauben und um derentwillen sie auch die Gebote irdischer Obrigkeiten befolgen. Abgesehen von allen metaphysischen Annahmen, wenn wir im Bereich der sog. Erfahrungswelt bleiben, sind die Rechtsfolgen Belohnungen, Strafen und Zwang. Alle diese Rechtsfolgen lassen sich auf einen Zwang zurückführen. Auch die Belohnung mündet letztlich in einen Zwang gegen dasjenige Organ, welches die Belohnung zu gewähren hat.

Die „Rechtsfolge" ist demnach die Anwendung von Gewalt seitens des Stärkeren gegen den Schwächeren. Am klarsten ist dies im zwischenstaatlichen Verkehr, im Völkerrecht. Aber es gilt auch auf den andern Gebieten. Auch die staatliche Zwangsgewalt ist nichts anderes als die Gewalt desjenigen, der auf einem bestimmten Gebiete der Stärkste, der am besten Organisierte ist.

Das sogenannte positive Recht ist demzufolge eine Summe von Aussagesätzen über die bedingte Anwendung der Gewalt des Stärkeren. Das sogenannte positive Recht ist schlechthin Gewalt. Von einem Sollen, einer Pflicht, enthält es nichts[1].

Aber diese kausale Betrachtung allein kann uns nicht genügen. Denn sie gestattet uns nicht, ein Werturteil zu fällen. Daher macht sie es uns unmöglich, ein abgeschlossenes Weltbild, eine Weltanschauung zu gewinnen, die doch auch Antwort auf die Frage geben muß: was soll ich? Ebensowenig befriedigt jene bloß kausale Betrachtung die Praxis, die gleichfalls stets fragen muß: was soll geschehen?

(*25, 9*) Ohne ein Werturteil, mithin nach sog. positivem Recht, muß man den Dieb, dem seine Tat nicht nachgewiesen werden kann, dem ehrlichen Mann gleichstellen, der eine sichere und gefahrlose Gelegenheit zum Stehlen nicht ausnützt. Ohne ein Werturteil, mithin nach sog. positivem Recht, und zwar Völkerrecht, gibt es keinen Unterschied zwischen dem Staat und einer Räuberbande, als lediglich einen technischen und quantitativen. Diese Auffassung kann folgerichtig nichts anderes kennen als die Gewalt.

[1] Genauer: von einem Sollen, einer Pflicht für mich enthält es, so lange es für mich nur ein tatsächliches Verhalten der anderen ist und von mir selbst nicht gebilligt wird, nichts.

Alles Recht ist dann nur das sogenannte Recht des Stärkeren oder des Siegers, genauer gesagt, die Gewalt des Stärkeren oder des Siegers. Unter den Menschen gilt dasselbe „Recht" wie unter den Tieren: der Stärkere frißt — soweit ihn nicht ein noch Stärkerer daran hindert — den Schwächeren nach Belieben auf, ohne eine „Pflicht" zu verletzen, ohne dadurch ein „Unrecht" zu begehen. Das Wort „Recht" wird überflüssig. Wir sprechen auch nicht vom „Recht" des Wolfes, das Lamm zu zerreißen.

Es wäre daher richtiger, niemals vom „Recht des Stärkeren" oder des Siegers zu sprechen, sondern stets von der „Gewalt des Stärkeren" oder des Siegers, daher auch niemals vom „positiven Recht", sondern stets von „positiver Gewalt", wobei das Wort „positiv" auch ebensogut wegbleiben könnte.

Nun ist aber der Ehrennahme „Recht" für die heteronomen Vorschriften seit altersher üblich, weil zu allen Zeiten die jeweiligen Machthaber es verstanden, ihren Willen als das „Recht" schlechtweg hinzustellen. Um diesen Sprachgebrauch können wir heute nicht herumkommen. Aber darum darf uns doch das Wort nicht täuschen. Wir müssen uns darüber klar sein, daß aus Gewalt niemals ein Pflicht abgeleitet werden kann, auch dann nicht, wenn man die Gewalt „Recht" nennt.

Man sollte daher nach Möglichkeit wenigstens in der Wissenschaft stets ausdrücklich vom „positiven Recht" sprechen oder Bezeichnungen wie beispielsweise „heteronomes Recht", „Gewaltrecht" einführen, um schon im Namen jeden Schein einer sittlichen Weihe zu vermeiden.

(*26, 10*) Nun lehnt es aber eine sehr große Zahl von Menschen — bei den zivilisierten Völkern anscheinend eine mit steigender Kultur allmählich wachsende Mehrzahl — ab, das Recht nur kausal, nur als Gewalt zu betrachten. Zwar denken die meisten nicht theoretisch über diese Dinge nach, aber sie handeln danach. Wir stehlen — wohl in unserer Mehrheit — auch dann nicht, wenn wir dies ganz sicher und gefahrlos tun könnten. Wir machen auch zwischen dem Staat und einer Räuberbande einen andern Unterschied als einen bloß technischen und quantitativen, nämlich einen Wertunterschied. So sind z. B. Hunderttausende aus Pflichtgefühl in den Krieg gezogen oder haben draußen im Namen der Pflicht freiwillig Schwerstes erduldet. Ja, viele haben den Tod der Pflichtverletzung auch dort vorgezogen, wo sie ungestraft die Pflicht verletzen konnten. Mögen nun auch die Beispiele eines solchen Heroismus nur eine Minderzahl darstellen, ein Pflichtgefühl weniger hohen, weniger heroischen Grades ist jedenfalls in einer überaus großen Zahl von Fällen tatsächlich beobachtet worden.

Das Sollen, die Pflicht, sind also da. Sie sind Gegenstand eines Erlebens. Wir erleben inmitten all der Erwägungen der Selbsterhaltung und des Egoismus, die nun einmal den größten Teil unseres Lebens füllen, in großer Zahl auch die an uns selbst gestellte Frage: was soll ich tun? was ist meine Pflicht? Der Sprachgebrauch nennt dies Regungen des Gewissens oder Rechtsgefühls.

Menschen, die dieser Regungen nicht fähig sind, nennen wir gewissenlos. Mögen sie auch noch so zahlreich sein, so können wir doch auf ihnen allein, wenigstens auf unserer Stufe der Entwicklung, auf der die Furcht vor Höllenstrafen nicht mehr alles beherrscht, Recht und Staat nicht aufbauen. Denn, wenn jeder nur unter Zwang gehorchte, so müßte hinter jeden Gendarmen ein zweiter gestellt werden, um den ersten anzutreiben, hinter den zweiten ein dritter und so fort.

Recht und Staat beruhen also unleugbar auf der Tatsache, daß ein großer Teil der Menschen das Sollen, die Pflicht wirklich erlebt.

(*27, 11*) Wie beantworten sich nun die Menschen die Frage: was soll ich tun?, was ist meine Pflicht?[1].

Aus der Betrachtung der Kausalwelt können sie die Antwort nie gewinnen. Denn aus dem Geschehen folgt kein Sollen. Zwar sprechen viele von Pflicht und denken nur an Gerichtsvollzieher, Zuchthaus oder Höllenstrafen, also an bedingtes Müssen, nicht an Sollen. Aber im Sinne des bisher Ausgeführten ist klar, daß eine Handlung aus Furcht etwas wesentlich anderes ist als ein Handlung aus Pflicht, aus innerer Nötigung des Rechtsgefühls oder Gewissens. Äußeres Verhalten kann allerdings zumeist durch Drohung oder Gewalt abgenötigt werden. Dagegen die billigende Zustimmung des Gewissens oder Rechtsgefühls auch des Letzten, des Geringsten, kann keine Macht der Erde erzwingen.

Aus der Kausalwelt einschließlich aller Gesetzgeber und aller Henker und Kerkermeister kann demnach der Inhalt dessen, was ich soll, nicht gewonnen werden. Dessen, was wir sollen, des Inhalts unserer Pflicht können wir nur durch unmittel-

---

[1] Vgl. zum Folgenden unten Abschn. II und IV, S. 28ff., 60ff.

bares eigenes Erleben gewahr werden. Dieses Erlebnis kann jeder nur durch eigene Erfahrung kennen. Wer eines solchen Erlebnisses, der Regung des Gewissens oder Rechtsgefühls, nicht fähig ist, dem kann man es auch nicht beschreiben, noch kann man es ihn lehren.

Jedenfalls aber muß eines festgestellt werden: das Erlebnis des Sollens, der Pflicht, ist nicht bloß das Erleben eines beliebigen Interesses, einer beliebigen selbstsüchtigen Neigung. Sonst wäre alles, was jemand will, zugleich das, was er soll, jedes Verbrechen wäre ebenso Pflicht wie die selbstloseste Handlung. Das Erlebnis der Pflicht muß vielmehr die wenn auch nicht klar ins Bewußtsein tretende Überzeugung umfassen, daß jeder Mensch in der gleichen Lage verpflichtet wäre, ebenso zu handeln, demnach ein Werturteil nicht bloß über eigenes, sondern über allgemein menschliches Verhalten in sich begreifen[1].

Daher können wir bei Tieren von einem sittlichen oder rechtlichen Sollen, einer Pflicht, nicht sprechen, und bei primitiven Menschen und Völkern nur in bezug auf primitive Dinge. (*28*, *12*) Aber auch auf den höheren Stufen ist der Kreis, innerhalb dessen ein Sollen erlebt wird, individuell sehr verschieden. Offenbar ist er von vielen kausalen Faktoren, besonders der politischen Bildung des einzelnen und des Volkes, mitbestimmt.

Restlos aber können die Erlebnisse des Sollens nach ihrem Inhalt, nach ihrer Eigengesetzlichkeit als höchster, souveräner Wertmaßstab, nicht aus der gegebenen Kausalwelt erklärt werden, sondern sie enthüllen uns in jedem Augenblick, in dem sie sich ereignen, ein Stück eines nur noch metaphysisch erfaßbaren Charakters des einzelnen, des Volkes und der Menschheit[2].

Das Erlebnis des Sollens ist daher ein wissenschaftlich nicht weiter ableitbares und erklärbares, in seinem jedesmaligen konkreten Inhalt schlechthin gegebenes Urerlebnis.

Die Urerlebnisse des Sollens sind, wie die des Geschehens, unbedingt. Ich kann nicht bedingt weiß sehen, sondern, entweder ich sehe es oder ich sehe es nicht. Ebenso kann ich in bezug auf einen konkreten, d. h. mir unbedingt gegebenen Tatbestand kein be-

---

[1] Vgl. unten, Abschn. IV, S. 60ff., bes. S. 71.

[2] Vgl. auch unten, S. 74ff., 96ff.

dingtes Erlebnis „du sollst“ haben. Entweder ich habe es oder ich habe es nicht.

Während also die heteronomen Regeln alle bedingt sind, nämlich ein bedingtes Müssen darstellen, ist das autonome Sollen unbedingt. Ich muß mich nur dann des Diebstahls enthalten, wenn ich Zuchthaus und Hölle vermeiden will. Wen diese nicht abschrecken, der ist in der Kausalwelt nicht gehindert zu stehlen. Dagegen das Erlebnis: du sollst nicht stehlen, ist im einzelnen Fall, in bezug auf einen eindeutig gegebenen Tatbestand, wenn ich es überhaupt habe, unbedingt.

Man darf sich auch hier wieder durch die sprachliche Ausdrucksweise nicht täuschen lassen, die auch bei logisch unbedingten Sätzen den Tatbestand gern in Form einer Bedingung wiedergibt.

Das Erlebnis des Sollens ist nicht nur unbedingt, sondern auch unausweichlich, mit Notwendigkeit gegeben. Ich kann zwar der sogenannten Stimme meines Gewissens oder Rechtsgefühls entgegenhandeln, aber hinwegdekretieren kann ich sie (*29, 13*) nicht, wenn sie da ist. Ebensowenig kann ich sie herbeibefehlen, wenn sie nicht da ist.

Das Erlebnis des Sollens ist zunächst etwas völlig Subjektives. Es ergibt sich aber doch eine allerdings nur relative, empirische Objektivität des autonomen Rechtes durch die Übereinstimmung einer Mehrzahl von Menschen. Denn für jeden einzelnen ist das Rechtsgefühl aller andern Menschen etwas außerhalb seiner eigenen Subjektivität Liegendes, ihm objektiv Gegebenes[1].

Die Übereinstimmung kann eine gleichzeitige sein. So kann sie sich beispielsweise unter Umständen in Wahlen oder Volksabstimmungen, die ohne Zwang und ohne Täuschung vorgenommen werden, oder in Revolutionen oder andern spontanen Volksbewegungen „sichtbar“ äußern. Aber die Übereinstimmung, sogar sehr vieler, kann auch da sein, ohne daß sie so deutlich zutage tritt. Der Paragraph so und soviel des Bürgerlichen Gesetzbuches kann, auch abgesehen von dem Zwange, mit dem er in der Kausalwelt wahrscheinlich durchgesetzt werden wird, eine Größe von relativer, empirischer Objektivität darstellen, beispielsweise wenn Tausende von Richtern und Rechtsanwälten diese Gesetzesbestimmung in einem bestimmten Sinne als Recht empfinden und wenn eine solche

---

[1] Vgl. zum Folgenden unten, Abschn. III und V, S. 42ff., 81ff.

Praxis wieder im allgemeinen von dem Vertrauen von Millionen getragen wird, mögen auch diese Millionen den einzelnen Paragraphen selbst gar nicht kennen oder mögen sich etwa einzelne in vereinzelt bleibenden Fällen aus Gründen abweichenden Rechtsgefühls gegen ihn auflehnen.

Es kommt aber auch eine Übereinstimmung oder Kontinuität in zeitlicher Aufeinanderfolge in Frage, so in vielen Fällen der Bildung von Gewohnheitsrecht und bei anderen Entwicklungen, die uns die Rechtsgeschichte zeigt. Man kann solche Übereinstimmungen und Zusammenhänge durch Generationen, vielleicht durch die Geschichte eines ganzen Volkes oder gar der ganzen Menschheit aufzudecken suchen. Denn dasjenige, was von Volk zu Volk, von Zeit zu Zeit zweifellos wechselt, sind ja nur die Tatsachen, an die Werturteile geknüpft werden. Ob auch die (*30, 14*) Werturteile selbst, ob der menschliche Charakter zur Gänze historisch bedingt sei oder ob etwas von der gegebenen Kausalwelt Unabhängiges behauptet werden könne, mit andern Worten, ob die ganze Geschichte ausschließlich durch Kausalgesetze, durch Naturgesetze des sozialen Geschehens beherrscht werde oder auch von eigenen nur metaphysisch erfaßbaren Gesetzen des menschlichen Charakters, ist eine ganz andere Frage. Auf sie heute näher eingehen zu wollen, würde zu weit führen. Doch schon aus dem bisher Vorgebrachten folgt, daß wir uns für die zweite Alternative entscheiden müssen. Dann aber muß es gestattet sein, nach einem von der Subjektivität des einzelnen verschiedenen und in diesem Sinne objektiven autonomen Recht zu fragen, dem sich die Menschheit, ursprünglich von der rohesten tierischen Gewalt ausgehend, durch ihre ganze Geschichte hindurch allmählich entgegen entwickelt, solange, bis sie es verwirklicht haben wird[1]. Dieses Recht ist dann aber doch niemals anders gegeben als in einer Summe individueller subjektiver autonomer Erlebnisse des Sollens, der Pflicht.

Wie verhält sich nun das autonome Recht zum sogenannten positiven Recht?[2].

In den Erlebnissen des Sollens fügen wir den Vorgängen der

[1] Vgl. unten, S. 74ff., 108, 109, ferner meine Arbeiten: Der Wandel der Ideen Staat und Volk, III. Teil, und: La Démocratie, III. Teil, Kap. 6, 7 und 8.

[2] Vgl. zum Folgenden unten, Abschn. III, S. 42ff.

Kausalwelt schöpferisch etwas Neues, etwas Eigenstes, das Gesetz unseres Charakters, hinzu. Durch das Hinzutreten dieses Erlebnisses im einzelnen Falle werden die heteronomen bedingten Vorschriften des sog. positiven Rechtes, die an sich nur bedingtes Müssen, Gewalt, bedeuten, für diesen einzelnen Anwendungsfall zum unbedingten autonomen Sollen, zum wirklichen Recht. Mit andern Worten: dasjenige, was die Gewalt dekretiert hat und was an sich niemanden verpflichtet, wird für mich im einzelnen Anwendungsfall zum verbindlichen Recht durch die Billigung meines Gewissens oder Rechtsgefühls. Man könnte daher das autonome, das wirkliche Recht auch als „Gefühlsrecht" bezeichnen, im Gegensatz zu dem heteronomen, „positiven", sogenannten, scheinbaren Recht, dem „Gewaltrecht".

(*31, 15*) Es kann demnach von einer Anerkennung der Rechtsordnung als Ganzem, einem „Blankoakzept", keine Rede sein. Sonst hätten wir ja nur die Wahl zwischen kritiklosem, blindem Kadavergehorsam gegenüber allem, was die Organe des jeweiligen Machthabers uns auferlegen, und völliger Leugnung alles Rechtes, Anarchie. So denkt in Wahrheit niemand. Im Gegenteil, wir alle unterscheiden zwischen jenen positiven Vorschriften, die wir als „Recht", und jenen, die wir als „Unrecht" empfinden.

Derjenige allerdings, dessen Denken schon durch positivistisches Jusstudium, wie ich behaupten muß, irrig beeinflußt, in gewissem Sinne verbildet ist, der wagt es nicht mehr zu sagen, daß ein Gesetz oder Staatsvertrag „unrecht" tue. Alle andern aber denken so, sprechen so und handeln auch danach.

Wer z. B. die Institution des Privateigentums billigt, der wird in der Regel fremdes Eigentum freiwillig, aus Pflicht, auch dort nicht antasten, wo er völlig unbemerkt und gefahrlos stehlen könnte. Dagegen wird derselbe Mann Vorschriften, die er in seiner sittlichen Überzeugung mißbilligt, nehmen wir etwa an, irgendwelche Steuer- oder Zwangsmietevorschriften, im allgemeinen nur befolgen, wenn und weil und soweit er muß. Er wird ohne sittliche Bedenken nach Lücken im Gesetz suchen, durch die er durchschlüpfen könnte. Er wird vielfach ohne die geringsten Gewissensskrupel der Behörde Tatsachen verschweigen oder unwahre Angaben machen, z. B. in seinem Steuerbekenntnis, während er ein gleiches

Vorgehen gegenüber einem Geschäftsfreund als Betrug verurteilen würde. Ja, er wird unter Umständen selbst dann, wenn die Bestimmung ihn gar nicht trifft, sein Egoismus also nicht beteiligt ist, auf eigene Gefahr Freunden raten und helfen, wie sie das Gesetz umgehen könnten.

Der einzelne steht demnach dem sog. positiven Recht, den Gesetzen, Staatsverträgen usw., in jedem einzelnen Anwendungsfall in doppelter Weise gegenüber: Entweder er billigt sie, er erlebt sie im einzelnen Fall ihrer Anwendung als Sollen, als innere Nötigung seines Gewissens oder Rechtsgefühls, dann (*32, 16*) sind sie für ihn Recht, auch wenn er sie nicht befolgt; oder es fehlt diese Billigung, dann sind sie für ihn nur Gewalt, auch wenn er sich ihnen beugt. Etwas Drittes gibt es nicht.

Aus den bisherigen Betrachtungen folgt: Es gibt nur ein Sollen. Recht und Sittlichkeit, beide als ein Sollen im Gegensatz zum Geschehen erfaßt, sind eins und dasselbe. Sie sind die Gesamtheit aller Erlebnisse der Pflicht. Sie sind das als Einheit erfaßte Sollen[1].

Daher sind auch Gewissen und Rechtsgefühl im Sinne einer schöpferischen Quelle höchster eigengesetzlicher Werte eines und dasselbe. Sie sind die kausal nicht weiter ableitbare, restlos nur metaphysisch erfaßbare Fähigkeit, ein Sollen zu erleben, sie sind das potenzielle Sollen des Individuums.

Die Einheit von Recht und Sittlichkeit wird auch durch die sog. Konflikte zwischen Recht und Sittlichkeit nicht berührt.

Wir müssen unterscheiden: Konflikte zwischen Sollen und Müssen und solche zwischen Sollen und Sollen.

In einem Konflikt zwischen Sollen und Müssen befand sich z. B. der vaterlandstreue Ruhrdeutsche während des Ruhrkrieges, wenn er deutsche Gesetze als Sollen und die ihnen widersprechenden französischen Vorschriften nur als Müssen, als Gewalt, empfand. In ähnlicher Lage befand und befindet sich der Legitimist, der Anhänger des alten Regimes, gegenüber einem geglückten Staatsstreich oder einer erfolgreichen Revolution. Nicht anders geht es jenem, der sich in seiner tiefsten sittlichen Überzeugung zu einem

[1] Vgl. unten, S. 29, 30, 66ff., 69.

Zweikampf für verpflichtet hält und das ihm entgegenstehende gesetzliche Verbot daher als ungerechten Zwang mißbilligt.

Für die in diesen Beispielen vorausgesetzten Gesinnungen — wohlgemerkt, nur für diese Gesinnungen — kämpfen autonomes Recht und Sittlichkeit auf derselben, Gewalt auf der andern Seite. Ein Konflikt zwischen autonomem Recht und Sittlichkeit ist nicht vorhanden.

(*33*, *17*) Es gibt aber auch Konflikte zwischen Sollen und Sollen, d.h. solche, bei denen zwei oder mehrere Möglichkeiten des Verhaltens wertbetont sind. Man denke etwa an einen Kampf zwischen Staat und Kirche für alle jene, die beiden Gesetzgebern gegenüber Pflichten fühlen, z. B. an die Lage eines gesetzestreu und patriotisch gesinnten katholischen Bischofs in Preußen während des Kulturkampfes.

Ein anderes Beispiel bietet der wahrheitsliebende Beamte, der das ihm anvertraute Amtsgeheimnis nur durch eine Unwahrheit retten zu können glaubt.

Ein drittes Beispiel: Wenn ein Minister eines der Staaten, die an der Aufrechterhaltung des Friedensvertrages interessiert sind, mit wirklich wissenschaftlichem Ernst und wissenschaftlicher Gründlichkeit auf Grund der wichtigsten tatsächlichen Ergebnisse der bisherigen Forschung die Frage der Schuld am Kriege studierte, so käme er, dies werden viele Angehörige dieser Staaten schon heute zugeben, durch eine derartige Unvorsichtigkeit aus einem ähnlichen Konflikt nicht heraus.

In allen Beispielen der zweiten Art kämpft Sollen gegen Sollen, Pflicht gegen Pflicht. Allein nichts berechtigt uns, zu behaupten, daß auf der einen Seite gerade nur das Recht auf der andern gerade nur die Sittlichkeit kämpfe. Ganz klar zeigt sich dies in dem Beispiel des Streites zwischen Staat und Kirche. Auf welcher Seite sollte hier das Recht, auf welcher die Sittlichkeit stehen? Oder, mit andern Worten, welcher Seite soll man Unrecht, welcher Unsittlichkeit vorwerfen? Dieselben Erwägungen gelten aber auch von allen andern denkbaren Fällen. Sobald wir unter „Recht" nicht das Müssen, die Gewalt, sondern autonomes Sollen verstehen, wird es ein leerer Wortstreit, ob wir von Sittlichkeit oder von Recht sprechen. So kann man, wenn man gerade will, die Wahrheitspflicht des Beamten auch als eine Rechtspflicht bezeichnen, oder seine Stellung zum Amtsgeheimnis auch als eine sittliche.

In Wahrheit sind alle Konflikte zwischen Sollen und Sollen nichts anderes als jene, die wir schon heute als Konflikte innerhalb der Sittlichkeit, als sittliche (*34, 18*) Konflikte, bezeichnen. Sie werden von demselben Gesetzgeber gelöst, der den Konflikt geschaffen hat, vom Individuum selbst. Jeder kann nur selbst in seinem eigenen Gewissen entscheiden, welcher Wert, welches Sollen, welche Pflicht die höhere ist. Die Einheit von Sittlichkeit und autonomem Recht wird demnach auch hier nicht in Frage gestellt.

Aus der Einheit von Recht und Sittlichkeit ergibt sich ein sehr wesentlich einfacheres Bild von gewissen gesellschaftlichen Vorgängen als wir es bisher gehabt haben[1].

Alle Herrschaftsverhältnisse in der menschlichen Gesellschaft können in doppelter Weise begründet sein, durch ein Müssen oder durch ein Sollen.

Wenn und soweit sie sich auf ein Müssen stützen, sind sie Gewalt, auch dann, wenn man diese Gewalt „Recht" nennt. Wenn und soweit sie dagegen ein Sollen bedeuten, sind sie unabhängig von aller Gewalt, sind sie die autonome Gesetzgebung der sittlichen Persönlichkeit, sind sie Sittlichkeit und Recht zugleich.

Etwas Drittes gibt es nicht. Daher gibt es kein „Naturrecht", kein „richtiges Recht", keine „Gerechtigkeit", die von dem autonomen sittlich-rechtlichen Sollen verschieden wären, daher auch kein unrichtiges, ungerechtes, unsittliches Recht, keine ungerechte Sittlichkeit, keine unsittliche Gerechtigkeit usw.

Innerhalb des Sollens kann man auch keinen Unterschied machen zwischen dem Recht „wie es ist" und dem Recht „wie es sein sollte", zwischen „lex lata" und „lex ferenda", zwischen „Rechtsdogmatik" und „Rechtspolitik". Wenn man vom Recht „wie es ist", von lex lata spricht, so meint man in der Regel heteronome Vorschriften, die tatsächlich befolgt und tatsächlich erzwungen werden, also kausale Machtverhältnisse, bedingtes Müssen, Gewalt, sog. „positives"

[1] Vgl. zum Folgenden unten, Abschn. III und V, S. 42ff., 81ff.

Recht, aber kein Sollen. Oder aber man versteht auch manchmal, wenn man die lex lata den eigenen Anschauungen de lege ferenda gegenüberstellt, unter der lex lata die Werturteile anderer, die man als gegebene Tatsache (*35*, *19*) hinnimmt und an die man Kritik anlegt. In der Welt meines Sollens dagegen gibt es keinen Gegensatz zwischen dem, was ich soll, und dem, was ich sollen sollte, kein Sollen zur zweiten und keines zur dritten und vierten Potenz. Entweder ein Verhalten ist Gegenstand einer Pflicht oder es ist es nicht. Aber man kann nicht die Pflicht haben, eine Pflicht zu haben.

Wer dagegen umgekehrt Worte wie lex ferenda, Naturrecht, richtiges Recht gebraucht, will damit zumeist die Anlegung eines autonomen Wertmaßstabes an wirkliche oder gedachte Maßregeln der Gewalt oder an das Rechtsgefühl anderer bezeichnen.

Entsprechend der Einheit von Recht und Sittlichkeit hat die Wissenschaft vom Recht wie jene von der Sittlichkeit eine zweifache Aufgabe[1].

Entweder sie ist Kausalwissenschaft. Dann hat sie alles, auch das sogenannte positive Recht, streng kausalwissenschaftlich zu behandeln, unter Verzicht auf jegliches Werturteil, gewissermaßen jenseits von Gut und Böse.

Oder sie will Werturteile fällen, fragen, was soll ich? Dann ist sie imperativische Ethik und Rechtsphilosophie zugleich, dann ist sie die einheitliche Wissenschaft vom einheitlichen Sollen.

Dagegen die heutige sogenannte positivistische Rechtsdogmatik müht sich bei aller oft bewunderungswerten Schärfe ihrer logischen Deduktionen doch im Grunde um ein Problem, das nach ihren eigenen Voraussetzungen unlösbar ist: sie will aus Macht Recht, aus Gewalt Pflichten, aus Kausalität ein Sollen ableiten.

In Wahrheit sind die Ergebnisse der positivistischen Rechtsdogmatik, die, wie betont werden muß, oft von höchstem Wert sind, methodisch richtig formuliert, als Hypothesen zu betrachten, als bedingte Annahmen, die sich der sogenannten juristischen Deduktion als eines Hilfsmittels bedienen. Sie sind Hypothesen in doppelter Richtung.

Erstens sind sie Hypothesen über bedingtes Müssen.

---

[1] Vgl. zum Folgenden unten, Abschn. III, IV, V u. VI, bes. S. 98ff., 102.

Sie versuchen vorauszusagen, wie die Gerichte und Verwaltungsbehörden judizieren werden. Sie geben also der (*36, 20*) Kausalwissenschaft vom Recht in der Tat nur ein Hilfsmittel, der Praxis aber technische Kunstregeln, gewissermaßen Gebrauchsanweisungen für die Handhabung der Rechtsordnung, methodisch vergleichbar der Gebrauchsanweisung einer Ware, Ratschläge für den Rechtsanwalt, den Notar, den Kaufmann, den Gewerbetreibenden, aber auch für den Verbrecher.

Wenn nun der positivistische Autor diese Kunstregeln, diese praktischen Gebrauchsanweisungen, feierlich als ein Sollen hinstellt und damit der Praxis der Gerichte und Behörden predigen will, wie sie judizieren soll, schlüpfen ihm unversehens Gebote seines subjektiven Rechtsgefühls unter. Denn wo andersher kann er ja kein Sollen gewinnen.

Während er also glaubt, objektives positives Recht zu verkünden, vertritt er, meist kritiklos, subjektive Anschauungen. Im Sinne meiner Ausführungen müßte er, um wenigstens etwas relativ Objektives über das Sollen zu lehren, erst untersuchen und gegründete Hypothesen darüber aufstellen, ob und wie weit seine Werturteile von andern geteilt werden. Dies ist der zweite Gesichtspunkt, unter dem rechtsdogmatische Deduktionen als Hypothesen Bedeutung haben können. So ist im allgemeinen insbesondere die Rechtsdogmatik in den Begründungen der gerichtlichen Urteile und der Verwaltungsakte zu verstehen.

Mit jener positivistischen Dogmatik, die aus Gewalt Pflichten deduzieren zu können glaubt, muß auch die Lehre von der sogenannten Allmacht des Gesetzgebers fallen[1].

Daß im kausalen Sinne niemand allmächtig ist, darüber sind ja alle einig. Für die imperativische Fragestellung aber gibt es überhaupt keinen heteronomen, daher auch keinen allmächtigen heteronomen Gesetzgeber, sondern nur ein autonomes Sollen. Dieses ist keineswegs „allmächtig", denn es kann nichts anderes anordnen, als vom Gewissen oder Rechtsgefühl tatsächlich erlebt wird.

Was die positivistische Dogmatik die formale Allmacht des Gesetzgebers nennt, nämlich seine Kompetenz, alles Denkbare vor-

---

[1] Vgl. unten, S. 56ff., 83, 85ff., 102, 105, 106.

zuschreiben, ist in Wahrheit nichts als die kausale Möglichkeit, (*37*, *21*) beliebige Befehle zu erteilen, die derjenige hat, der an der Macht ist. In dem Begriff Kompetenz des Gesetzgebers liegt freilich die Behauptung der Juristen, daß diese Befehle nun auch bei Strafe und Exekution für alle „verbindlich" seien. Aber gerade darin liegt ja der Irrtum. Wir müssen vielmehr immer fragen:

Erstens kausal: Werden die Befehle denn auch tatsächlich befolgt und tatsächlich erzwungen?

Zweitens imperativisch: Werden sie und von wem werden sie denn wirklich als Sollen, als Recht erlebt?

Nur wenn das erste bejaht wird, sind sie für denjenigen, den sie unterwerfen wollen, ein bedingtes Müssen, Gewalt, sind sie sogenanntes positives Recht. Nur wenn das zweite bejaht wird, sind sie für denjenigen, der das Sollen erlebt, autonomes, wirkliches Recht. Soweit keins von beiden zutrifft, sind die Befehle des Gesetzgebers nichts als leere Worte oder bedrucktes Papier.

Von Allmacht ist also keine Spur, weder im einen noch im andern Sinne. Der positivistische Glaube an die Allmacht des Gesetzgebers hat aber dennoch schon sehr viel Unglück angerichtet. Er hat dazu geführt, daß die Machthaber, die ja heute zum großen Teile nicht mehr wie in früheren Zeiten die ehernen Gesetze eines göttlich-kirchlichen oder natürlichen Rechts über sich fühlen, vielfach der Meinung sind, sie könnten einfach darauf los kommandieren und alles anordnen, was ihnen gerade paßt.

Das Übel ist ein ganz allgemeines. Wohl in fast allen Staaten klagen Angehörige der verschiedensten Parteien über die Massenfabrikation willkürlicher Gesetze[1]. Zu den Ausgeburten dieses Wahns von der Allmacht des Gesetzgebers muß man aber nicht bloß viele „souveräne" Gesetze rechnen, sondern auch viele „souveräne" Staatsverträge, so etwa Friedensverträge. Beispiele zu nennen ist wohl überflüssig.

Gegenüber der Willkür des Gesetzgebers hat die positivistische Dogmatik, wie wir wissen, nur die Wahl zwischen willenlosem Sklavengehorsam und völliger Leugnung der Kompetenz des Gesetzgebers, also Leugnung von Recht und Staat, Anarchie.

(*38*, *22*) Wir dagegen haben gesehen, wie Gewissen und Rechts-

---

[1] Vgl. unten, Abschn. V, S. 81 ff.

gefühl in jedem einzelnen Anwendungsfall über Wert und Unwert desjenigen entscheiden, was der Gesetzgeber ihnen zumutet. Nicht die Sklaven des Gesetzgebers sind die Rechtsgenossen und die Rechtswissenschaft, sondern seine Richter sind sie, die, auch dann, wenn sie sich der äußeren Gewalt beugen müssen, doch in jedem Augenblick von neuem zu entscheiden berufen sind, ob das, was diese Gewalt ihnen befohlen hat, gut, d. h. sittlich und rechtlich zugleich ist. Das autonome Sollen als die oberste Prämisse der imperativischen, zugleich ethischen und zugleich juristischen Deduktion steht daher für die imperativische Betrachtung über dem Staat und dessen positiver Gesetzgebung, die ja nichts anderes als seine Kreatur und das Werkzeug seiner Machtansprüche ist.

So gewinnen die heteronomen Vorschriften des sogenannten positiven Rechtes, alle die Gesetze, Verordnungen, Staatsverträge usw. für uns eine neue Seite. Wir haben sie bisher nur kennen gelernt als Aussagen über die bedingte kausale Notwendigkeit, über Verhängung von Zwang und Strafe. Sie sind aber in immer steigendem Maße auch noch etwas Zweites: Sie sind das gedankliche Material, bildlich gesprochen Entwürfe oder Offerten, mit denen die Gesetzgeber an die übrigen herantreten und für die sie um sittlich-rechtliche Billigung werben.

Die Vorschriften des sog. positiven Rechtes sind daher das wichtigste Mittel, durch das eine wenigstens relative Objektivität des autonomen Rechtes in mehr oder weniger weitem Umfange erzielt wird, indem die Zustimmung nicht eines einzelnen, sondern einer Mehrheit der durch die Vorschrift Belasteten erworben wird. So könnte ein großer Teil unseres sogenannten positiven Rechtes auch in einem objektiven, überindividuellen Sinne insoweit als wirkliches, autonomes Recht bezeichnet werden, als er von einer großen, tragfähigen Mehrheit aktuell oder potenziell gebilligt wird, d.h. soweit, als die positiven Vorschriften entweder demjenigen entsprechen, was in den (*39*, *23*) Rechtsgeschäften des täglichen Lebens, Kauf, Miete u.dgl., unmittelbar von den einzelnen als Sollen erlebt wird, oder als die einzelnen geneigt sind, im Falle eines Konfliktes mit einem eigenen entgegengesetzten Rechtsempfinden die Weisheit des Gesetzgebers und der Behörden höher zu werten als das eigene Gefühl.

Nun gibt es allerdings auch einen Weg für den Gesetzgeber, die sittlich-rechtliche Billigung der Rechtsgenossen zu erlangen, den ich leider der Vollständigkeit halber nicht übergehen darf. Es ist der Weg der beabsichtigten oder unbeabsichtigten Täuschung, der bewußten oder unbewußten Irreleitung des Rechtsgefühls.

Wohl in allen Staaten sind schon solche Fälle vorgekommen. Erinnern wir uns doch an die uns vom Gesetzgeber anbefohlene Fiktion, daß die Papiermark gleich der Goldmark sei, zu jener Zeit, als die große Masse noch guten Glaubens die Papiermark für die Goldmark nahm. Es wäre demnach unzulässig, solche Dinge gerade nur in bezug auf einen Staat oder eine Staatengruppe zu rügen. Insbesondere ist im Kriege auf beiden Seiten mit einer gewissen Irreführung des Rechtsgefühls gearbeitet worden, und es ist daher nicht verwunderlich, wenn diese Methoden auch in der Fortsetzung des Krieges nach dem Kriege eine Rolle spielen. Es möge daher nicht als das Bestreben gedeutet werden, gerade nur nach einer Seite hin Vorwürfe zu erheben, wenn ich dasjenige Beispiel ausdrücklich nenne, welches in seiner gigantischen Größe wohl alle andern überragt und in der Geschichte und Soziologie des Rechtes einzig dasteht. Ich meine alle die Fiktionen und unrichtigen Behauptungen, mittels derer man versucht hat, die Friedensverträge von 1919 als „gerecht" hinzustellen. So vor allem die Fiktion einer deutschen Kriegsschuld, oder die Fiktion, daß Österreich-Ungarn mit seinem unglückseligen Ultimatum an Serbien den Weltkrieg habe entfachen wollen, oder die Behauptung, daß die Staatsgrenzen von 1919 der Selbstbestimmung entsprechen, wie dies beispielsweise in gewissen französischen Geschichtslehrbüchern gelehrt wird, oder etwa die andere Behauptung, daß gerade das deutsche Volk unfähig sei, Kolonien zu verwalten usw.

(*40, 24*) Ein ungeheurer geistiger Feldzug, wenn auch vielfach im besten Glauben geführt, ist im Gange, der in diesen Fragen das Gewissen und das Rechtsgefühl von Hunderten von Millionen Menschen irreleitet und im Irrtum weiter erhält. Hauptsächlich Schule und Presse der verschiedensten Länder arbeiten in diesem Sinn, zum großen Teil, ohne dessen gewahr zu werden. In gleicher Richtung wirken allerhand Maßregeln der verschiedensten Art, z.B. die propagandistische Bezeichnung der Kriegskontribution als „Reparationsschuld", der Wegnahme der deutschen Kolonien ohne Aufrechnung auf diese „Reparationsschuld" als „Mandat", oder das Verbot alt eingelebter oder sonst im Rechtsgefühl der Massen wurzelnder Namen, wie des Namens „Deutschösterreich" im Friedensvertrag von St. Germain, des Namens „Tirol" in Italien, des Namens „Deutschböhmen" in der Tschechoslowakei.

Dieses Problem der Irreführung des Rechtsgefühls ist meines Erachtens eines der größten, wichtigsten und schwierigsten der ganzen Rechts- und Staatswissenschaften, wenngleich es leider bisher kaum in seiner vollen Bedeutung gesehen und gewürdigt worden ist. Es stellt meines Erachtens die Wissenschaft und die Staatsverwaltung, soweit diese für Bildung und Aufklärung tätig ist, vor ganz neue Aufgaben. Hier darauf einzugehen, wäre unmöglich. Abgesehen von diesem Problem aber gilt der allgemeine Satz: Recht und Staat werden von denen gerichtet, die sie mit ihren Befehlen belasten.

Aber bedeutet diese Lehre von der Autonomie des Rechts, die heute vorzutragen ich die Ehre gehabt habe, nicht schrankenlose und unkontrollierbare Willkür jedes einzelnen, Zersetzung aller Rechts- und Staatsordnung, Anarchie ?[1].

Im Gegenteil. Gerade die bisherige Auffassung, daß das Recht heteronom, fremder Wille sei, führt zur Anarchie, wenn man sie nur folgerichtig zu Ende denkt.

Die politische Praxis aller Völker und Zeiten ist dieser fatalen Konsequenz bisher hauptsächlich dadurch entgangen, daß man Recht und Staat irgendwie auf Belohnungen und Strafen (*41*, *25*) im Jenseits stützte. Von der Vergöttlichung der antiken Despoten bis zum modernen Gottesgnadentum und zu allen Lehren, die Patriotismus und Unterwerfung unter die weltliche Obrigkeit als religiöse Pflicht hinstellen, hat man den Anspruch auf Gehorsam gegen das heteronome „positive" Recht auf die Religion gegründet. Und als in der Aufklärungszeit zum ersten Male größere Mengen von Gebildeten der Religion den Rücken kehrten, da hat

---

[1] Vgl. zum Folgenden unten Abschn. III, ferner meine Arbeiten: Der Wandel der Ideen Staat und Volk, III. Teil, 2. Kapitel, und: La Démocratie, II. Teil, Kap. 3ff.

Voltaire das berühmte Wort geprägt: „Gäbe es keinen Gott, so müßte man ihn erfinden.“

Nun ist die Bedeutung der verschiedenen Religionen auch gegenwärtig noch eine ungeheure, oft unterschätzte, ja es mag sein, daß sie im Augenblick bei uns in einem gewissen Zunehmen begriffen sei. Dennoch muß es die Wissenschaft mit all der Offenheit, zu der sie verpflichtet ist, ob sie nun Angenehmes zu sagen hat oder Unangenehmes, rückhaltlos aussprechen: auf den Glauben an eine Vergeltung im Jenseits können wir heute Recht und Staat nicht mehr stützen.

Wie anders kann man denn nun aber die Bürger zum Gehorsam gegenüber fremdem Willen bringen?

Ein kühner und großartiger Versuch ist gemacht worden, auf materialistischer Basis, also ohne die Voraussetzung eines Gottesglaubens, eine neue, dem Anarchismus gerade entgegengesetzte Ethik, eine neue Rechts- und Staatslehre aufzubauen: auf der Geschichtsphilosophie von Marx und Engels. Aber so viel Geist und so hohe sittliche Werte auch in diese neue Ethik hineingetragen worden sind, so kann man doch niemals aus Materialismus, aus Kausalität, zu einem Sollen, zu Pflichten, gelangen. Wenn alles nur materiell, kausal bedingt ist, wenn auch die Regungen des Gewissens und Rechtsgefühls nur im Laufe von Generationen anerzogene kausale Reaktionen sind, dann ist in der ganzen Welt, die ja dann nur Kausalwelt ist, nichts zu sehen, was den einzelnen abhalten könnte, nach seinem vollkommen schranken- und skrupellosen Egoismus zu handeln. Der Staat wird eine Gesellschaft absoluter Egoisten. Nicht Karl Marx, sondern Max Stirner ist daher, trotz schwerer Mängel seines Buches, der konsequenteste Vertreter (*42*, *26*) der von theologischen Voraussetzungen befreiten heteronomischen Rechts- und Staatslehre. Der Frage des Anarchisten, warum denn der eine gehorchen soll, wenn der andere befiehlt, kann die Lehre von der Heteronomie des Rechtes, wenn sie nicht zum Knüppel oder zu Höllenstrafen ihre Zuflucht nehmen will, nichts entgegensetzen. Die heteronomische Rechts- und Staatsauffassung ist demnach der anarchistischen Kritik nicht gewachsen.

Dagegen die hier vorgetragene Lehre von der Autonomie des Rechts will zeigen, wie eine große, anscheinend mit zunehmender Kultur zunehmende Zahl von Menschen, auch abgesehen von religiösem Glauben und von irdischen Zwangsmitteln, in jedem Augenblick Träger der Staats- und Rechtsordnung ist, und wie diese Menschen diese Ordnung selbst dann zum Teile tragen, wenn sie sie zu einem andern Teile mißbilligen und verletzen.

Nicht zur Leugnung von Recht und Staat führt uns demnach die Lehre von der Autonomie des Rechtes, sondern zur Einsicht in deren wahre Rechtfertigung: *Recht und Staat und alle Machthaber im Staat und in der Völkerrechtsgemeinschaft müssen sich den nicht bloß äußerlichen, sondern inneren, freiwilligen Gehorsam, das Pflichtgefühl, die sittliche Billigung derjenigen, die sie mit ihren Befehlen belasten, immer wieder von neuem verdienen*[1].

Wie demnach Recht und Staat beschaffen sein müssen, um auf einer tragfähigen Mehrheit zu ruhen, *darüber entscheidet der Charakter des Volkes und der Menschheit: je mehr Selbstsucht, desto mehr Gewalt, je mehr Regungen des Gewissens, desto mehr Recht; je näher dem Tier, desto mehr Gewalt, je weiter fortgeschritten in der sittlichen Entwicklung, desto mehr Recht*[2].

Es wäre nicht möglich, im Rahmen meiner heutigen Ausführungen auf diese Gedanken näher einzugehen, die das Problem der Weltgeschichte vor uns aufrollen. Nur ein Gesichtspunkt sei wegen seiner besonders großen politisch-praktischen Bedeutung hier hervorgehoben[3].

(*43*, *27*) Wenn Recht und Staat sich die sittliche Billigung und den freiwilligen Gehorsam derer, die sie mit ihren Befehlen belasten, immer wieder von neuem verdienen müssen, *so steht unter allen uns bisher bekannten Arten von Staaten der nationale Staat und sein nationales Recht auf den festesten Grundlagen.* Denn das sogenannte Nationalgefühl, das Volksbewußtsein, ist, ganz besonders in seinem Streben nach Zusammenfassung aller Volksgenossen in einem Staat und unter einem Recht, eine der wesentlichsten, ja vielleicht die grundlegendste Äußerung des Rechtsgefühls. Dies gilt nicht etwa nur für die Zeit,

---

[1] Vgl. unten, Abschn. III u. V, S. 42ff., 81ff.

[2] Vgl. unten, S. 74ff., 96ff., 108, 109.

[3] Vgl. zum Folgenden unten, S. 97, 98, ferner meine Arbeit: Der Wandel der Ideen Staat und Volk, II. Teil und III. Teil, 3. Kap.

seitdem, im 19. Jahrhundert, das Nationalgefühl als selbständig wirkende Kraft in das Bewußtsein der Völker getreten ist. Sondern seit dem Beginn der Geschichte war, soviel wir sehen können, das Bewußtsein volklicher Zusammengehörigkeit — allerdings zunächst noch regelmäßig mit jenem der Glaubensgemeinschaft und zumeist mit jenem der Staats-, Standes-, Kasten- oder einer sonstigen politischen Gemeinschaft zusammenfallend — die vielleicht wichtigste rechts- und staatsbildende Kraft. Diese ungeheure Bedeutung des Volksbewußtseins wäre aber auch in einem wahren Völkerbund oder einem Weltbundesstaat keineswegs überholt. Denn auch hier würde der Schwerpunkt des täglichen Rechtslebens und der täglichen Verwaltungssorgen in den Gliedstaaten liegen und deren national einheitlicher Aufbau stände daher noch immer ebenso wie heute im Mittelpunkt aller an den Staat und die Staatengemeinschaft gerichteten sittlichen Forderungen. Ja selbst, wenn man versuchte, sich einen Welt-Einheitsstaat vorzustellen, so wird man ihn, solange nicht alle Bewohner der Erde eine gemeinsame Sprache, die gleichen Lebensgewohnheiten und ein einheitliches Rechtsgefühl haben, kaum anders denken können als in der Form eines Überbaues über national abgegrenzten Provinzen mit sehr weitgehender Selbstverwaltung und sehr weitgehender Freiheit zu partikularer nationaler Rechtsbildung. Die nationale Frage würde demnach auch durch eine noch so weitgehende Organisation der Welt nichts von ihrer sittlich-rechtlichen Bedeutung verlieren, so wenig wie sie heute etwa innerhalb der Schweiz (*44*, *28*) oder der Tschechoslowakei ihre sittlichrechtliche Bedeutung verloren hat.

Es ist daher einer der größten Irrtümer, den viele begehen, das Nationalgefühl als einen überwundenen Standpunkt zu betrachten oder die Menschen zu einer Ethik erziehen zu wollen, die es als einen Unwert verurteilt. So wenig die Gefühle der Liebe und Zugehörigkeit zu den eigenen Eltern oder Kindern uns in der bisherigen Geschichte und in der absehbaren Zukunft als Überlebtes oder als etwas im sittlichen Werturteil der Völker Mißbilligtes erscheinen, so wenig gilt dies von dem Gefühl der Liebe und Zugehörigkeit zum eigenen Volk. Wir können uns auf Grund der bisherigen Erfahrung im allgemeinen kein festeres Band vorstellen, das eine Gruppe von Menschen für die Dauer und entgegen allen Schicksalsschlägen zu einem Recht, einem Staat verbände, als das Bewußtsein der natürlichen und sittlichen Zusammengehörigkeit, das Volksbewußtsein. Künstliche Staatengebilde, deren Grenzen die Willkür eines Despoten oder der Säbel eines Diktators über ganze Völker hinweggezogen oder mitten durch sie hindurchgeschnitten hat, Staaten, in denen schon aus diesem Grunde allein ein großer Teil der Bevölkerung sich nur der Gewalt beugt, kein anderes Gefühl gegen den eigenen sogenannten Heimatstaat im Herzen als Haß und Verachtung, auch wenn sie dies nicht zeigen darf, solche Staaten ruhen selbst bei äußerlichem Glanze und günstiger Wirtschaftslage auf den unsichersten, brüchigsten Fundamenten.

Dagegen lehren uns gerade die Schicksale Deutschlands in den letzten Jahren, oder Ereignisse, wie der einstimmige Anschluß der Deutschösterreicher und Deutschböhmen an das Deutsche Reich am 12. November 1918, wenige Tage nach dem Zusammenbruch, über welche ungeheuren seelischen Kräfte der nationale Staat selbst im Augenblick des größten Unglücks, der tiefsten Erniedrigung verfügt.

Weit entfernt davon also, zur Anarchie zu führen, zeigt uns daher die Lehre von der Autonomie des Rechtes, daß wir gerade erst Recht und Staat, die bisher zum großen Teil wild und, man möchte beinahe sagen, anarchisch aus den (*45*, *29*) Augenblicksbedürfnissen der jeweiligen Machthaber emporgewuchert sind und die daher stets von Ungehorsam, Revolution, Anarchie bedroht waren, statt auf die Vergeltung im Jenseits und auf irdischen Zwang in möglichst weitem und allmählich steigendem Maße auf das Gewissen und das Rechtsgefühl der Bürger oder doch einer möglichst großen tragfähigen Mehrheit der Bürger aufbauen müssen[1].

Gewalt allein kann dies nicht. Denn bekanntlich kann man mit Bajonetten alles, nur nicht darauf sitzen. Auch einem Räuber gegenüber werde ich „Erfüllungspolitik" betreiben, wenn und solange sie das kleinere Übel für mich darstellt. Aber „loyale" Erfüllung, freiwillige Hingabe aus Pflicht auch ohne Zwang, Treue gegenüber Gesetzen und Verträgen gibt es nur in jener Welt, in

[1] Vgl. unten, Abschn. V und VI, S. 81ff., 103ff.

der es das sogenannte Recht des Stärkeren und des Siegers nicht gibt, in der Welt des Sollens, in der Welt der sittlichen Selbstgesetzgebung.

Aufgabe der Wissenschaft ist es daher, die Machthaber bei allen Völkern und in allen Staaten zu lehren: Das Recht ist nicht in papierenen Gesetzen und Verträgen, auch nicht in Zuchthaus- und Höllenstrafen. Das Recht ist die Sittlichkeit, das Recht ist in den Herzen der Menschen.

II. Die Autonomie des Rechts.

Als Kant, wie er in der Vorrede zu seinen Prolegomena zu einer jeden künftigen Metaphysik bemerkt, durch Hume in seinem „dogmatischen Schlummer" unterbrochen wurde, führte er die größte Umwälzung herbei, die das menschliche Denken je im Laufe seiner Geschichte erfahren hat. Diese Umwälzung erstreckt sich auf die formalen Wissenschaften, von den materialen auf die Wirklichkeits- oder Seinswissenschaften, und von den materialen Wertwissenschaften im strengen Sinn, den imperativischen Wissenschaften, auf die Ethik. Dabei treten unter den Wirklichkeitswissenschaften die Naturwissenschaften besonders hervor, Zweige wie die soziologische Rechts- und Staatslehre finden, wenn sie sich heute um ihre eigene Grundlegung bemühen, zu wenig im System Kants. Doch es würde über den Rahmen dieser Arbeit hinausgehen, hier diesen Punkt weiter erörtern zu wollen. Ganz unberührt geblieben von der kopernikanischen Umwälzung des übrigen Denkens ist die imperativische Rechtswissenschaft, wie sich insbesondere aus Kants Metaphysik der Sitten, Erster Teil, Metaphysische Anfangsgründe der Rechtslehre, ergibt.

Die imperativische Rechtswissenschaft ist weiter im „dogmatischen Schlummer" geblieben bis zur Gegenwart. Sie spottet ihrer selbst und weiß nicht wie, indem sie sich selbst gern die „dogmatische" Rechtswissenschaft nennt.

In meiner Rektoratsrede habe ich versucht, die Basis zu gewinnen, von der aus gegen den „dogmatischen Schlummer" auch der imperativischen Rechtswissenschaft vorgegangen werden kann. Ich habe, auf Grund einer Kritik des Begriffs des hypothetischen Imperativs bei Kant, der bisherigen Lehre von der Heteronomie des Rechtes die Lehre von der Autonomie des Rechtes

— Autonomie im Sinne der Kant schen Ethik verstanden — entgegengesetzt. D. h.: während bis jetzt alle den letzten Grund der Verbindlichkeit des Rechtes in den Befehlen eines anderen als des Normadressaten, nämlich in den Geboten eines äußeren irdischen oder himmlischen Gesetzgebers, gesucht haben, behaupte ich: den Grund der Verbindlichkeit des Rechtes, wenn wir dieses als Befehl, Norm, Imperativ und nicht bloß wirklichkeitswissenschaftlich, soziologisch, als tatsächliches Geschehen betrachten, trägt jeder Normadressat in seiner eigenen Brust, in seinem Gewissen und Rechtsgefühl. Von dem hier vertretenen Standpunkt aus kann man über die bisherige Praxis und Rechtswissenschaft wörtlich, wenn auch mit neuem Sinn, dasselbe sagen, was Kant im zweiten Abschnitt seiner Grundlegung zur Metaphysik der Sitten über die vorkantische Ethik bemerkt: „Man sah den Menschen durch seine Pflicht an Gesetze gebunden, man ließ es sich aber nicht einfallen, daß er nur seiner eigenen und dennoch allgemeinen Gesetzgebung unterworfen sei, und daß er nur verbunden sei, seinem eigenen, dem Naturzwecke nach aber allgemein gesetzgebenden Willen gemäß zu handeln."

Mit anderen Worten, ich habe behauptet: wer in einer ihm obliegenden Rechtspflicht nicht nur ein bedingtes Müssen, einen angedrohten Zwang sieht sondern ein: „Ich soll", der ist selbst der Schöpfer dieses „Ich soll".

Das Sollen ist uns in der Erfahrung gar niemals anders ursprünglich gegeben als im jedesmaligen konkreten Erleben, Empfinden, Fühlen, Denken — oder wie man dies immer nennen mag — desjenigen der soll. Ein anderer — z. B. auch der wissenschaftliche Forscher — kann nur eine Aussage darüber machen, daß der erste etwas „soll". Ob diese Aussage wahr ist, ist Frage der Erkenntnis, das Sollen muß schon da sein, wenn die Aussage wahr sein soll. Ethik und Rechtswissenschaft können nur Aussagen über ein Sollen machen, das schon da ist, entweder über subjektive autonome Sollens-Erlebnisse des Autors selbst, oder über das Sollen anderer. Schöpferisch kann niemand das Sollen anderer unmittelbar erzeugen. Daher kann auch die tatsächliche Macht des Staates, des Siegers oder ganz allgemein die des Stärkeren nicht der Verpflichtungsgrund des Rechtes sein. Der Stärkere kann mich zwingen, aber nicht verpflichten, wenn mir selbst nicht mein Gewissen und Rechtsgefühl die Verpflichtung schafft, ihm zu

3*

gehorchen. Vielmehr ist das rechtliche Sollen in gleicher Weise autonom wie irgend ein sittliches Sollen. Es gibt in den Formen unseres geistigen Erlebens, wie es uns nun einmal unentrinnbar gegeben ist, nur eine Art des: „Ich soll", nur eine Art von Autonomie, und nicht zweierlei.

Demnach müssen auch autonomes Recht und autonome Sittlichkeit, imperativische Rechtswissenschaft und imperativische Ethik grundsätzlich dasselbe sein. Will man eine Sittlichkeit im engeren Sinn vom Recht, eine Ethik im engeren Sinn von der Rechtswissenschaft trennen, so mag dies zwar unter Umständen systematisch nützlich sein, es ist aber nur auf Grund eines äußeren, willkürlich hinzugetragenen Merkmales möglich, wie wenn ein Bibliothekar Bücher nicht nach dem Inhalt sondern nach der Größe sondert. Daher wird die Grenze zwischen der Sittlichkeit im engeren Sinn und dem Recht nach Zeiten, Völkern und einzelnen Autoren verschieden gezogen.

Ehern dagegen und in ewigen Gesetzen unseres Erkennens begründet ist der Gegensatz zwischen Sein und Sollen und daher auch zwischen den imperativischen Wissenszweigen und den Wirklichkeitswissenschaften. Lösen wir das Sollen in seine letzten, einfachsten uns gegebenen Elemente auf, in das konkrete Erlebnis einer bestimmten Einzelperson in einem bestimmten Augenblick: „Ich soll jetzt dies tun", so gelangen wir auf eine Ur-Gegebenheit, gewissermaßen einen der Angelpunkte des Weltgeschehens, in welchem Sein und Sollen zusammenfallen. Daß ich jetzt das geistige Erlebnis habe, dies Bestimmte, Konkrete zu sollen, ist zugleich Tatsache und Imperativ, Sein und Sollen. Erst menschliche Gedankenarbeit schafft die Abstraktion des „Seins" und des „Sollens". Aber sie muß sie schaffen, sie kann nicht anders denken, so wie sie nicht denken kann, daß zwei mal zwei fünf ist. Wo sie Sein und Sollen weiter vermengt, gelangt sie zu Irrtümern und politischem Mißbrauch. Dann beginnt sie die Macht anzubeten, wo sie doch nur das Recht anbeten wollte, dann kann sie zwischen dem Staat und der Räuberbande, zwischen dem ehrlichen Mann, der freiwillig nicht stiehlt und dem Dieb, der sich nicht ertappen läßt, keinen Unterschied machen, dann wird der Gesetzgeber, sei er auch ein Nero, allmächtig und jedes beliebige innen- und außenpolitische Diktat eines Siegers verbindliches Recht, mag sich das Rechtsgefühl noch so vieler auch noch so sehr dagegen aufbäumen.

Dies etwa sind die grundlegenden Gedanken, die ich in meiner Rektoratsrede teils näher ausgeführt teils angedeutet habe.

Als ich am 10. November 1924 meine Lehre der Öffentlichkeit übergab, stand ich, soviel mir bekannt ist, allein.

Die juristische und politische Praxis aller Staaten und aller Jahrhunderte hat die verbindliche Kraft heteronomer Befehle staatlicher Machthaber wohl niemals bezweifelt. Dieser Glaube der Menschheit an die Heteronomie des Rechts, genauer an die Heteronomie der Befehle tatsächlicher Machthaber, ist selbst eine Tatsache, die wir als solche hinnehmen, erklären und zur Grundlage weiterer Schlußfolgerungen machen müssen. Denn eine vermeintliche Wissenschaft, die sich mit Tatsachen in Widerspruch setzte, wäre müßiges Geschwätz.

Die bisherige Wissenschaft hat die Ehrfurcht vor dieser Tatsache so weit getrieben, daß sie den Glauben für Wissen nahm. In diesem Sinn hat die Wissenschaft den ,,dogmatischen Schlummer" der Laienwelt auch nach Hume weitergeschlummert. Selbst Kant hat es nicht gewagt, an der Heteronomie des Rechtes zu rütteln, ebensowenig haben es die Nachfolger einschließlich der neukantischen Schule getan. Ja diese will sich sogar an der positivistisch-dogmatischen Wissenschaft vom heteronomen Recht wie an einer ,,Mathematik der Geisteswissenschaften" methodisch orientieren.

Zweifel an der verbindlichen Kraft der Befehle staatlicher Machthaber sind allerdings schon im Altertum und seitdem vielfach ausgesprochen worden, und in neuerer Zeit haben einige Autoren versucht, Schritte von der Heteronomie des Rechtes weg gegen etwas Ähnliches wie eine Autonomie zu machen, sind aber nicht bis zur folgerichtigen Behauptung der Autonomie des Rechtes und zur Erkenntnis der Einheit von Sittlichkeit und Recht gelangt, sind vielmehr gewissermaßen auf halbem Wege wieder umgekehrt und haben bei ihrer Frage nach der verpflichtenden Kraft des positiven Rechtes nirgends anders eine letzte Zuflucht gefunden als bei der Heteronomie des staatlichen Gesetzes und daher bei der Macht des Staates.

Es würde ein umfangreiches Werk beanspruchen, wenn man auch nur aus den bedeutendsten Werken der Weltliteratur die Zweifel an der verbindlichen Kraft staatlicher Machtäußerungen zusammensuchen wollte. Für uns sind alle jene Äußerungen ohne Interesse, welche bloß darauf abzielen, eine Heteronomie durch eine andere zu ersetzen, z.B. die des staatlichen Befehls durch jene des göttlichen oder kirchlichen. Aber auch Ansätze zu Zweifeln an der Heteronomie selbst gehen bis ins Altertum zurück und mögen vielleicht in den verschiedensten Werken durch die Jahrhunderte hin zerstreut sein. Es ist jedoch nicht der Zweck dieser Zeilen, eine geschichtliche Übersicht über die Weltliteratur unter diesem Gesichtspunkt zusammenzustellen. Hier seien nur einige besonders wichtige oder typische Gedankengänge hervorgehoben, deren Kritik auch noch bei dem heutigen Stand der Literatur für ein voraussetzungsloses, dogmatisch nicht gebundenes wissenschaftliches Denken von Bedeutung ist.

Bereits die griechischen Philosophen haben vielfach erkannt, daß das Recht nicht nur allein aus der Macht des Staates abgeleitet werden könne und haben dem „kraft Gesetzes Gerechten" das „natürlich Gerechte" gegenübergestellt. Dieser Gegensatz durchzieht fast die ganze griechische Philosophie. Er hat verschiedene, oft wenig klare Bedeutung, steht aber doch im Allgemeinen mit dem Gegensatz zwischen den Befehlen der staatlichen Organe und dem Rechtsgefühl der Gehorchenden im Zusammenhang. Allein beide Arten des Gerechten werden als objektiv feststehend, dem Individuum gegenüber heteronom aufgefaßt.

Es ist aber auch schon ausdrücklich in Zweifel gezogen worden, ob die Befehle staatlicher Machthaber bloß darum allein, weil Macht die Grundlage des Befehls bildet, verbindlich seien. Xenophon berichtet uns in seinen Erinnerungen an Sokrates[1], von einer solchen Anschauung, die er dem noch nicht zwanzigjährigen Alkibiades im Gespräch mit Perikles in den Mund legt. Es ist das Verdienst Adolf Menzels, in seinem Buche über Kallikles[2], auf diese Stelle besonders hingewiesen zu haben. Ich habe mich in einer meiner Arbeiten[3] mit dem von Xenophon dargestellten Gespräch befaßt. Es ist so charakteristisch für die auch später immer wieder bei den verschiedensten Völkern auftauchenden Zweifel an der rechtserzeugenden Kraft der tatsächlichen Macht, daß es verdient, hier kurz erwähnt zu werden.

---

[1] I. Buch, 2. Kap., 40ff.

[2] Menzel: Kallikles, eine Studie zur Geschichte der Lehre vom Rechte des Stärkeren, 1922, S. 51ff.

[3] Der Wandel der Ideen Staat und Volk als Äußerung des Weltgewissens. S. 352, 353.

Alkibiades fragt den Perikles, was ein Gesetz sei. Dieser definiert das Gesetz als den Beschluß des Volkes oder der Oligarchen oder des Alleinherrschers. Darauf bemerkt Alkibiades, es sei Gewalt und Gesetzlosigkeit, wenn der Stärkere den Schwächeren nicht dadurch, daß er ihn überzeugt, sondern mit Gewalt nötigt, das zu tun, was ihm selbst, dem Stärkeren, gefällt. Perikles stimmt zu. Alkibiades wendet den Satz nun auf alle drei Staatsformen an. Wenn der Alleinherrscher oder die Oligarchen oder das Volk, welches in der Demokratie die Wohlhabenden beherrsche, auf Grund ihrer Macht Gesetze dekretieren und erzwingen, statt durch Überzeugung zu herrschen, so sei dies „eher Gewalt als Gesetz". Auch dem stimmt Perikles zu. Er fügt hinzu, auch er habe sich in seiner Jugend mit den gleichen Dingen abgegeben. Alkibiades drückt den Wunsch aus, daß er damals mit Perikles zusammengekommen wäre. Damit ist das Gespräch zu Ende. Mehr erfahren wir über das Recht nicht.

Dieses Gespräch enthält nun noch lange nicht, wie dies Menzel[1] meint, eine Theorie von der Autonomie des Rechts. Zunächst war Kants Lehre von der Autonomie den Griechen unbekannt. Die Schule des Sokrates, in der auch Alkibiades seine Bildung erhalten hatte, hielt an der Idee eines objektiv Guten, das auch als solches allen in der gleichen Weise erkennbar sei, fest, war daher von Kants Lehre weit entfernt. Letzter Grund der Verbindlichkeit des Rechts ist also hier nicht das Erlebnis des autonomen Gewissens, sondern das für unmittelbar erkennbar gehaltene objektiv Gute. Weiter ist die Frage gar nicht aufgeworfen, wie es sich nun verhält, wenn verschiedene Individuen über Rechtsfragen verschieden denken und fühlen. Denn daß alle in einem Volk über alle Rechtsfragen genau einer Meinung seien, war zu Xenophons Zeiten ebenso eine Fiktion wie zu allen anderen und wie sie es heute wäre. Gerade das aber ist doch der springende Punkt, ob und wie trotz der Verschiedenheit der subjektiven Anschauungen und Gefühlserlebnisse empirisch und ohne Zuhilfenahme von Glaubensdogmen nach einem objektiv Guten und Gerechten und nach der Verbindlichkeit „positiver" staatlicher Befehle gefragt werden könne.

---

[1] Zeitschrift für öffentliches Recht, Band V. S. 5, 6, 1925 und Beiträge zur Geschichte der Staatslehre, 1929, S. 76, 77.

Immerhin bezeugt uns die Stelle bei Xenophon, daß schon zu seiner Zeit ernstliche Zweifel an der Erzeugung des Rechts durch die Macht, also, in unserer Ausdrucksweise, des Sollens durch das Sein, und mithin an der verbindlichen Kraft des staatlichen Rechtsbefehls, der sich nur auf die Macht stützt, bestanden.

Die griechische Unterscheidung zwischen dem „natürlich Gerechten" und dem „kraft Gesetzes Gerechten" hat in der verschiedensten Gestalt durch die Jahrhunderte und Jahrtausende weitergelebt. Immer wird in irgendeiner Form ein „Naturrecht" dem von staatlichen Gesetzgebern oder Behörden geschaffenen „positiven" Recht entgegengestellt. Bald ist es die Kirche, die ein Naturrecht gegen staatliche Machtinhaber zu Hilfe ruft, bald sind es die Stände, die es gegen den Fürsten, Ketzer, die es gegen die kirchliche Macht, oder weltliche Revolutionäre, die es gegen eine gegebene Staatsordnung zum Bundesgenossen zu machen suchen. Die führenden Denker stützen sich auf solches Naturrecht, wenn sie, ihrer Zeit vielleicht um Jahrzehnte oder Jahrhunderte vorauseilend, neue Lehren über Sitte und Recht, Staat und Politik verkünden.

Allein stets hat man bis jetzt unter Naturrecht, welchen Inhalts immer man es sich dachte, ein heteronomes Recht verstanden, welches dem Einzelnen ebenso objektiv, unabhängig von seiner persönlichen subjektiven Wertung, gegenübertritt wie das „positive". Man suchte das Naturrecht teils auf Dogmen zu stützen, welche Allgemeingültigkeit beanspruchen; teils auf allgemeingültige rationale Vernunftspekulation, insbesondere mit Hilfe der Annahme eines zuerst zwar autonom geschlossenen, dann aber heteronom verbindlichen Gesellschaftsvertrags; teils endlich, in neuerer Zeit, auf allgemeingültige Kausalgesetze des gesellschaftlichen Geschehens, z. B. wirtschaftliche oder rassenbiologische.

Auch bei Kant, von dessen Umwälzung der Ethik wir ausgegangen sind, ist das Naturrecht ebenso wie das positive Recht und im Gegensatz zum Sittengesetz heteronom. Damit hat Kant auch die von ihm beeinflußten Denker, soweit sie noch an einem Naturrecht festhalten, bestimmt.

Als der juristische Positivismus das Erbe des rationalen Naturrechts antrat, hatte er im allgemeinen bei seiner der Philosophie abgekehrten Einstellung gar keinen Anlaß, die Heteronomie des Rechtes zum Problem zu machen. Immerhin sind doch immer wieder auch im Kreise positivistischer Juristen Zweifel an der Erzeugung des Rechtes durch die Macht aufgetaucht, wie wir solche schon im Alkibiadesgespräch kennen gelernt haben, und man hat versucht, die Verbindlichkeit des Rechtes mit dem Rechtsgefühl der Gehorchenden in Zusammenhang zu bringen, ohne doch die Kompetenzhoheit, die Allmacht des staatlichen Gesetzgebers und damit die Heteronomie des Rechtes grundsätzlich zu leugnen. Man konnte nun zwar das Rechtsgefühl nicht mehr in der Form einführen, daß man ein allgemeingültiges rationales Naturrecht und einen Staatsvertrag behauptete. Aber es lag nahe, statt des Vertrags die durch konkludente Handlungen ausgedrückte stillschweigende Anerkennung der Rechtsunterworfenen zur Rechtfertigung des positiven Rechtes und zur Erklärung seiner Verbindlichkeit heranzuziehen. So trat an die Stelle der naturrechtlichen Vertragstheorie die positivistische Anerkennungstheorie.

Dabei mußte, wenn man die Verbindlichkeit des ganzen positiven Rechtes für alle dem Recht Unterworfenen begründen wollte, angenommen werden, daß jeder einzelne die gesamte Rechtsordnung anerkannt habe. Wenn dies der Fall wäre, dann würde sich allerdings das ganze von staatlichen Machthabern geschaffene heteronome Recht, die ganze positive Rechtsordnung im Sinne der dogmatischen positivistischen Rechtswissenschaft, durch die Anerkennung nachträglich lückenlos in autonomes Recht verwandeln.

Die namhaftesten Vertreter der Anerkennungstheorie sind Kirchmann, Schloßmann und Bierling. An sie reihen sich in neuester Zeit zwei Autoren, die bereits den Namen Autonomie des Rechts gebrauchen, die aber im letzten Grunde doch an der Heteronomie des Rechtes, an seiner Ableitung aus der Macht und demgemäß an der grundsätzlichen Verschiedenheit von Recht und Sittlichkeit festhalten: Krabbe und Radbruch. Mit allen diesen Autoren habe ich mich in meinem Buche: Der Wandel der Ideen Staat und Volk[1] auseinandergesetzt. Es sei daher gestattet, hier auf das dort Vorgebrachte zu verweisen. Allen diesen Theorien muß dieselbe Frage entgegengehalten werden, die schon oben gelegentlich des Alkibiades-

[1] S. 354—360 und 384—386.

gesprächs aufgeworfen worden ist: wie verhält es sich, wenn verschiedene Individuen verschieden denken und fühlen, was doch die Regel ist? Wie läßt sich trotz der Verschiedenheit der subjektiven Meinungen empirisch und ohne die Zuhilfenahme von Dogmen, die Andersdenkende nicht überzeugen, ein objektiv Gutes und Gerechtes und die verpflichtende Kraft „positiver" Rechtssätze annehmen? Es bleibt diesen Autoren nichts übrig, als schließlich doch auf das alte positive, heteronome, aus der Macht abgeleitete Recht zurückzukommen. Das Wort Autonomie ist also mit Unrecht oder in ganz verändertem Sinn gebraucht.

Keine Autonomie im Sinne Kants und der hier vorgetragenen Lehre bedeutet auch das dasjenige, was Nelson[1] das Prinzip der „rechtlichen Autonomie" nennt. Er versteht darunter den Satz, „daß eine rechtliche Verbindlichkeit nur möglich ist, sofern sie durch eigene Einsicht des rechtlich Verpflichteten erkennbar ist", „daß die rechtliche Verbindlichkeit bedingt ist durch die Möglichkeit der eigenen Einsicht des rechtlich Verpflichteten"[2]. Die Einsicht ist also nicht der Geltungsgrund des Rechtes, dieses bleibt vielmehr heteronom. Ausdrücklich fügt Nelson hinzu: „Das Recht ist durch das Gesetz objektiv bestimmt und nicht subjektiv durch das Dafürhalten irgend jemandes"[3]. Er unterscheidet daher die rechtliche scharf von der moralischen Autonomie[4]. Im übrigen ist Einsicht in die Bedeutung einer Norm etwas wesentlich anderes als das autonome Gewissenserlebnis des Sollens. Daher ist es wohl nicht erforderlich, hier auf Nelsons Lehre näher einzugehen.

Wenige Monate nach meiner Rektoratsrede, am 17. Januar 1925 und unabhängig von ihr, hat Marschall von Bieberstein eine sehr gedankenreiche und anregende akademische Rede zum Gedächtnis der Reichsgründung: „Vom Kampf des Rechtes gegen die Gesetze" gehalten, welche er 1927, und zwar, wie er S. 167, 168 bemerkt, etwas ausführlicher als dem mündlichen Vortrag entsprach, außerdem mit einem Geleitwort, vielen Anmer-

---

[1] Nelson: System der philosophischen Rechtslehre, 1920, S. 45ff.; System der philosophischen Rechtslehre und Politik, 1924, S. 48ff., 216ff. 235, 236, 245 u.a.

[2] S. 46 des erst- und S. 48, 50 des zweigenannten Werkes.

[3] S. 46, bzw. 48, 50.

[4] S. 245 des zweitgenannten Werkes.

kungen und einem Nachwort versehen, veröffentlicht hat. Hier ist eine Theorie entwickelt, welche zum Teil mit der meinigen übereinstimmt. Der Verfasser hebt S. 17 ausdrücklich hervor, daß seine Ausführungen ganz unabhängig von den meinigen entstanden sind. Ich darf mich daher ebenso wie dieser Autor der „unverhofften Bundesgenossenschaft gegen den noch herrschenden Positivismus" freuen.

Marschall von Bieberstein unterscheidet „echte" Normen und „Richtungsnormen" (S. 112ff., insbes. 116ff.). Soweit das Recht echte Normen umfaßt, steht es im Gegensatz zum Gesetz, d. h. der vom Staat gesetzten Norm (S. 55), beruht auf einem „Maßstab in uns" (S. 35) und wird definiert als „ein Werturteil, das unsre Überzeugung nach einem allgemeinen und für Alle gleichen, nicht willkürhaft veränderbaren Maßstab fällt" (S. 45, 46). Es ist der „Gott in unsrer Brust", „der kategorisch uns das Urteil weist" (S. 47, 119). Bei jedem autonomen Werturteil sei es uns jedoch mehr oder minder klar bewußt, „daß alle die Gemeinschaftsglieder, die es angeht, im gleichen Fall genau wie wir empfinden müssen" (S. 48). Gestatte das Gewissen diese Verallgemeinerung nicht, so sei das Urteil „nur" ein sittliches, „das im Gemeinempfinden keine Stütze findet" (S. 49). Denn meine Überzeugung sei „stets von dem Gesamtbewußtsein der Genossen" getragen. Dies lasse mich auch bestimmt erwarten, daß das Recht „sich durchzusetzen wissen werde" (S. 50). Das Recht müsse „freilich irgendwie zutage treten: die Überzeugung muß erkennbar sein, sie muß sich äußern in dem Tun der Menschen, nicht nur im Einzel-Innern darf ihr Urteil leben". Da ich nun „eine Norm als Rechtsnorm nur empfinde, sofern ich alle Andern, die mit mir in einem Rechtskreis leben, gleichermaßen durch jene Norm gebunden weiß, so folgt: In menschlicher Gemeinschaft nur wächst Recht empor" (S. 51). „Weil gleichem Tatbestand stets gleiches Urteil folgt, wird aus den Einzelakten ein abstrakter Satz, ein Rechtssatz, der nun auch die künft'gen Fälle deckt und unserm Wollen dann zur Richtschnur wird, zur Norm" (S. 52). Die „Richtungsnormen" — zum Beispiel, ob rechts oder links auszuweichen ist — werden im Gegensatz zu den „echten" Normen nicht vom Rechtsempfinden sondern von einem Willen nach Zweckmäßigkeit geschaffen, das „Wie" ist „einerlei" S. (115, 116).

Dieser Lehre muß ich nun trotz der Bundesgenossenschaft, deren ich mich erfreue, Bedenken entgegenhalten.

Zunächst ist die Abgrenzung zwischen den echten und den Richtungsnormen keine grundsätzliche, allgemeingültige, für alle Menschen gleiche. Scheinbar rein äußere polizeiliche Ordnungsmaßnahmen zum Schutz der persönlichen Freiheit werden vom Liberalen anders gewertet als vom Anhänger des „totalen Staates", solche zum Schutze des Eigentums vom Anhänger der bürgerlichen Besitzverteilung und Wirtschaftsordnung anders als vom Sozialisten und Kommunisten. Die strengen Fahrordnungen der deutschen Städte entsprechen wohl einem anderen Rechtsgefühl als die Freiheit, mit der Kraftfahrzeuge sich in französischen Städten bewegen dürfen. Auch an der Möglichkeit sittlicher Konflikte fehlt es nicht. Man denke etwa an einen Arzt, der durch polizeiwidriges Überfahren einer Straßenkreuzung einen Zug eben noch erreichen kann, um einem schwer Kranken das Leben zu retten. Soll er seinen Patienten lieber der Todesgefahr überlassen, als straffällig werden? Oder darf er alle Fahrtregeln verletzen und vielleicht andere gefährden, so oft ein Schwerkranker ihn dringend ruft? Nur der Arzt selbst kann — im Sinne meiner Lehre — vor seinem autonomen Gewissen die beiden Imperative gegeneinander abwägen, und tut es später ein Polizeirichter in entgegengesetztem Sinn, so ist dies für den Arzt „ungerecht", bedingtes Müssen, vor seinem Gewissen und Rechtsgefühl und dem aller ebenso Fühlenden ist er frei.

Noch manches andere ließe sich einwenden. So muß z.B. gefragt werden: wann sind Kompetenz- und Verfahrensnormen echte und wann Richtungsnormen?

Man kann demnach die Autonomie der echten Normen gegen mögliche Einwendungen nicht dadurch retten, daß man die Heteronomie der Richtungsnormen zugibt. Beide sind im Wesen dasselbe, was dem einen Richtungsnorm ist, kann dem andern echte Norm sein. Man muß sich entscheiden: entweder beide sind heteronom oder beide autonom.

Aber auch dem, was Marschall von Bieberstein über die echten Normen vorbringt, kann ich z.T. nicht zustimmen. Zwar decken sich seine Ausführungen mit den meinigen weitgehend, an einigen Stellen sogar im Ausdruck, so, wenn er S.91 von „bedingtem Müssen" und S.147 vom „Urerlebnis" spricht. Aber er verlangt für das Recht, im Gegensatz zur Sittlichkeit, daß alle Gemeinschaftsglieder, die es angeht, „im gleichen Fall genau wie wir empfinden müssen". Das heißt nicht, daß sie so empfinden sollen. Dies wäre ja Kants Gedanke, daß jeder „nur seiner eigenen und dennoch allgemeinen Gesetzgebung unterworfen sei". Dieser gilt gerade für die autonome Sittlichkeit im Sinne Kants und wohl auch im Sinne Marschall von Bibersteins. Letzterer meint vielmehr, das rechtliche Werturteil müsse im Gegensatz zum sittlichen im „Gemeinempfinden", im „Gesamtbewußtsein der Genossen" eine Stütze finden, es müsse auch „zutage treten" und ich müsse erwarten, es werde „sich durchsetzen". Damit ist der Boden der Autonomie verlassen. Das Erlebnis meines Sollens allein verpflichtet mich dann in Wahrheit nicht, sondern ich deduziere mein Sollen aus meinem Wissen um äußere, d.h. außerhalb meines Innenlebens liegende Tatsachen.

Allen bisherigen Versuchen, der Heteronomie des Rechtes zu entrinnen, vom Alkibiadesgespräch bis zu Marschall von Biebertsein, muß jedoch immer wieder die eine verhängnisvolle Frage entgegengehalten werden: was gilt, wenn verschiedene Subjekte verschiedene Erlebnisse des Sollens über den gleichen konkreten Tatbestand haben? Entweder eines der mehreren Werturteile gilt für alle: dann ist die Heteronomie wieder hergestellt; oder keines hat diese Kraft, dann scheint das Recht geleugnet und in Anarchie aufgelöst zu sein. Die bisherigen Theorien haben diese Frage entweder nicht aufgeworfen oder sie haben bei dem Versuch, der Konsequenz der Anarchie zu entgehen, letztlich doch vor der Heteronomie kapituliert. Die radikalste und von ihren Prämissen aus folgerichtigste Lehre aus der subjektiven Verschiedenheit der Anschauungen hat Max Stirner gezogen. Er gelangt zum Anarchismus. Aber er kennt oder sieht das Erlebnis des Sollens nicht und steht somit im Widerspruch zur gegebenen Erfahrung. Es gibt eben ungezählte Erlebnisse des Sollens, es gibt das Faktum der Ethik und jenes der Rechtswissenschaft, ja, es gibt noch mehr: die Tatsache, daß sittliche und rechtliche Imperative auch gegen den Egoismus der Beteiligten, nur aus dem Motiv des Sollens, in der gegebenen Wirklichkeit befolgt werden. Schon dies allein — von anderem abgesehen — macht Stirners Lehre unannehmbar. Alle aber, die ein Sollen anerkennen, sind bis jetzt von der Heteronomie des Rechtes, genauer: von der Bejahung der allgemeinverbindlichen Kraft heteronomer Befehle der staatlichen Machthaber, nicht losgekommen.

In diesem Sinn habe ich oben sagen dürfen, daß ich allein stand, als ich am 10. November 1924 meine Lehre der Öffentlichkeit übergab.

Seitdem habe ich zwar da und dort Zustimmung gefunden. Aber noch immer sind die Stimmen sehr selten, die sich zugunsten der Autonomie des Rechts erheben.

Es würde viel Raum einnehmen, wenn hier auf literarische Auseinandersetzungen mit einzelnen Autoren eingegangen werden sollte, die für oder gegen die hier vertretene Lehre Stellung genommen haben. Es hätte auch wenig Zweck. Denn meine einstündige Rede konnte das Thema unmöglich erschöpfen. Ich verweise daher zunächst ganz allgemein auf die hier folgenden Ausführungen, ferner auf den dritten Teil meiner Arbeit: Der Wandel der Ideen Staat und Volk als Äußerung des Weltgewissens, Barcelona und Berlin 1933, und den zweiten Teil meines Buches: Le Démocratie, Paris 1933. Auch mit diesen drei Publikationen ist die ungeheure Tragweite des Themas nicht im Geringsten erschöpft und ich muß, wie ich immer wieder betonen muß, den weiteren Ausbau späteren Veröffentlichungen überlassen.

Ein Punkt muß aber hier vorweggenommen werden, da er terminologischer Natur ist und daher immer wieder zu Mißverständnissen zu führen geeignet ist. Das Wort Recht ist mehrdeutig. Lassen wir die komplizierte Konstruktion des „subjektiven" Rechtes ganz beiseite und betrachten wir nur das Recht als Befehl, lex generalis oder lex individualis, ohne Rücksicht auf den Nutznießer, also bloß das „objektive" Recht, so hat der Begriff des Rechtes jedenfalls zwei scharf zu trennende Bedeutungen: das Recht als Sein und das Recht als Sollen. Wir nennen auch das Sein, das tatsächliche Befehlen und Gehorchen im Staate „Recht". Ich habe nur in meiner Rektoratsrede empfohlen, es „nach Möglichkeit" „positives", „heteronomes" Recht, „Gewaltrecht" u. dgl. zu nennen. Man kann also gegen die hier vertretene Lehre nicht einwenden, daß das tatsächlich gehandhabte „Recht" doch unzweifelhaft heteronom sei. Gewiß gibt es ein heteronomes „Recht" im Sinne eines tatsächlichen Geschehens. Aber ich frage: warum nennen wir tatsächliches Befehlen und Gehorchen einmal Recht, das anderemal nicht? Warum ist also der heteronome Befehl einmal „verbindlich", das anderemal nicht? Woher schöpft demnach dasjenige, was wir „Recht" nennen, auch wenn es sich auf Grund heteronomer Befehle vollzieht, seine Verbindlichkeit? Jedenfalls nicht aus dem heteronomen Befehl, sonst müßte jeder heteronome Befehl „Recht" schaffen, auch derjenige des Räuberhauptmanns. Auch nicht aus dem befehlenden Subjekt, sonst könnte der entthronte Monarch oder das revolutionär beseitigte Parlament nie seine Kompetenz verlieren. Auch nicht aus der Macht des Stärkeren, sonst könnte der Stärkere nie Unrecht tun oder Unrecht haben, alles tatsächliche Gehorchenmüssen wäre zugleich rechtmäßig. In welchem Zeitpunkt erwirbt bei Revolution, Staatsstreich oder kriegerischem Umsturz das „Recht" seine Eigenschaft, „Reeht" zu sein, und warum gerade in diesem Zeitpunkt und in keinem anderen? Wann, wie und warum wird das „kompetente" Organ zum Usurpator und der Usurpator zum „kompetenten" Organ? Wo liegt die Grenze zwischen dem Staat und der Räuberbande und warum liegt sie gerade da?

Kurz: welches ist die geheimnisvolle Quelle des Rechts, die Quelle, die schöpferisch dem tatsächlichen Geschehen die Weihe des „rechtmäßigen" verleiht oder das Stigma des „unrechtmäßigen" Geschehens aufdrückt?

Diese Fragen sind nicht damit beantwortet, daß man auf das tatsächliche Vorhandensein heteronomen Rechtes hinweist. Mit ihnen will ich vielmehr versuchen, unsere Jurisprudenz und Politik aus dem „dogmatischen Schlummer" über den Verpflichtungsgrund zu wecken, wie Hume die Kausalwissenschaften aus dem gleichen Schlummer über den Entstehungsgrund, die Ursache. Dort ebensowenig wie hier ist der kritiklose Schluß: post hoc erga propter hoc gestattet. In beiden Gebieten bricht so zunächst alles Wissen scheinbar von den Fundamenten aus zusammen, erscheint als unbewiesener Glaube und muß ganz neu begründet werden.

Was im Gebiet des Seins und Geschehens den Schritt vom post zum propter berechtigt und wie sich hiebei der Entstehungsgrund zum Erkenntnisgrund verhält, kann hier nicht erörtert werden. Für das Gebiet des Sollens habe ich zu zeigen versucht: der Verpflichtungsgrund ist das autonome Erlebnis des konkreten Sollens als letzte, nicht weiter ableitbare Urgegebenheit, ein Angelpunkt des Weltgeschehens, der Sein und Sollen zugleich ist. Dieses Erlebnis ist dem Erkennen des Einzelnen unmittelbar gegeben wie eine einfache Sinneswahrnehmung. Verpflichtungsgrund und Erkenntnisgrund fallen in dem einfachsten Urerlebnis des konkreten Sollens zusammen. Über die Erkenntnis fremden Sollens ist damit noch nichts ausgesagt. Wir haben unten von ihr zu sprechen.

Für denjenigen, der sich meinen Gedankengang zu eigen gemacht hat, ist das Gebäude des kritiklosen Glaubens an das heteronome Recht eingestürzt und die Grundlage eines neuen Gebäudes gewonnen. Von diesem Gebäude selbst ist bisher nur wenig gebaut. In den folgenden Abschnitten soll einiges Wesentliche hinzugefügt werden.

III. Die Positivität des Rechts.

Wir haben das Sollen in seine letzten unserer Erfahrung erreichbaren Elemente zerlegt. Wir wissen, daß es im Individuum ein autonomes Rechtsgefühl gibt, das sich niemandem beugt, auch nicht dem Stärksten, nicht dem Staat, noch der mächtigsten Koalition siegreicher Großmächte. Wir wissen, daß man die Menschen zwar zwingen kann, daß aber die sittlich-rechtliche Billigung ihres Innersten, mag man dieses nun „Gewissen“, „Rechtsgefühl“, „Rechtsempfinden“ oder wie immer nennen, unerzwingbar ist.

Dennoch steht vor uns unleugbar eine Tatsache: die Menschen glauben an die Heteronomie des „positiven“ Rechts, genauer an die unmittelbar verpflichtende Kraft der Befehle staatlicher Machthaber, sie anerkennen die Autorität des Staates und der von ihm gesetzten Regeln, sie gehorchen den „kompetenten“ Organen des Staates, sie unterscheiden den Staat sehr scharf von einer noch so großen und noch so gut organisierten Räuberbande, ja sie opfern sich unter Umständen für den Staat auf, weil heteronome Befehle staatlicher Organe es verlangen.

Die Tatsache dieses Glaubens an die Heteronomie des Rechts beweist nichts für seine Richtigkeit, so wenig aus dem Glauben der Menschen dargetan werden kann, daß die Sonne sich um die Erde bewege. Aber die Tatsache dieses Glaubens ist die Grundlage des tatsächlichen Geschehens im Rechts- und Staatsleben und bedarf daher der Untersuchung.

Es muß gefragt werden: wodurch unterscheidet sich jenes tatsächliche Geschehen in der menschlichen Gesellschaft, welches die

Menschen als heteronomes „positives" staatliches Recht betrachten, von jenem, welches ihnen als rechtlich gleichgültig erscheint?

Man könnte die Frage vom staatlichen Recht auch auf das von autonomen Kirchen, z.B. der katholischen Kirche, und das von der Völkerrechtsgemeinschaft geschaffene „positive" Recht ausdehnen. Dazu kommt ein Weiteres: Ebenso wie an die verpflichtende Kraft heteronomer Befehle öffentlicher Organe glauben die Menschen vielfach an die verpflichtende Kraft tatsächlich bestehender Sitten, Gebräuche und Übungen, die nicht als „positives" Recht betrachtet werden.

Was nun zunächst das autonome Kirchenrecht anlangt, so beruht es auf dogmatischen Voraussetzungen, von deren Richtigkeit der Nichtgläubige nicht überzeugt ist. Die Völkerrechtsgemeinschaft aber hat bis heute keine vom Staate unabhängigen eigenen überstaatlichen Organe, welche überstaatliches Recht schaffen könnten; selbst der Haager Gerichtshof gründet seine Kompetenz auf Staatsverträge, ja sogar eine Weltkonferenz aller Staaten bindet keinen Staat, der ihre Beschlüsse nicht ratifiziert. Ich kann daher das autonome Kirchenrecht und das Völkerrecht hier beiseite lassen. Es ist nicht schwer, dasjenige, was im folgenden vom staatlichen Recht gesagt werden soll, auf jene beiden Rechtsordnungen auszudehnen. Man braucht nur im einen Fall an die Stelle der Macht des Staates die Machtmittel des Jenseits zu setzen, im anderen die Machtmittel von Staaten oder Staatenverbänden, welche das Völkerrecht durchsetzen.

Auch die Tatsächlichkeit bestehender Sitten, Gebräuche und Übungen außerhalb des Bereichs des Rechtes gestattet eine gewisse Analogie zur Tatsächlichkeit des Rechtes, wenn man an die Stelle jener Mächte die Macht der öffentlichen Meinung setzt. Doch würde es zu weit führen, hier auf diesen Gegenstand einzugehen.

Es ist daher hier, um eine sich immer wiederholende Schwerfälligkeit des Ausdrucks zu vermeiden, kurz nur vom Staat und vom staatlichen „positiven" Recht die Rede, d.h. von den heteronomen Befehlen der staatlichen Machthaber.

Wir fragen also: wodurch unterscheidet sich das „rechtliche" Geschehen des positiven staatlichen Rechtes vom „rechtlich irrelevanten" tatsächlichen Geschehen?

Die bisherige Rechtswissenschaft antwortet: das Recht ist ein Sollen, das sonstige tatsächliche Geschehen ein Sein. Wir wissen, daß diese Antwort falsch ist. Das heteronome Recht, genauer, die heteronomen Befehle staatlicher Machthaber sind für viele nur bedingtes Müssen, nur ein Sein, kein Sollen; umgekehrt sind sittliche Imperative, die sich auf etwas anderes als die Befolgung staatlicher heteronomer Befehle beziehen, zwar ein Sollen, aber kein „positives Recht". Der Gegensatz zwischen Sein und Sollen ist also ein ganz anderer als jener zwischen dem positiven Recht und allem, was nicht „positives Recht" ist.

Aus der Lehre von der Autonomie des Rechtes folgt: Die Paragraphe eines Gesetzes und die Judikate, aus denen ein Gewohnheitsrecht gefolgert wird, sind in ihrer Eigenschaft als heteronome Befehle staatlicher Machthaber, als „positives Recht", nicht Rechtsnormen im Sinne eines Sollens, wie die bisherige Meinung im allgemeinen annimmt, sondern Aussagen über Tatsachen. Der Paragraph teilt mir mit, daß der Gesetzgeber, z. B. der Monarch oder das Parlament, einen heteronomen Befehl bestimmten Inhalts ausgesprochen und damit ein bedingtes Müssen statuiert hat. Es ist daher unrichtig, mit Paragraphen als mit Rechts-„Normen" zu operieren, es sei denn, man versteht unter Norm kein Sollen, wie wenn in der Naturwissenschaft vom „Normalen" und „Abnormen" die Rede ist. Analoges wie von Gesetzesparagraphen gilt von Judikaten, aus denen ein Gewohnheitsrecht abgeleitet wird. Ob der einzelne Betrachter oder das Organ, das die heteronomen Befehle des „positiven" Gesetzes- oder Gewohnheitsrechtes anwendet, oder derjenige, gegen den sie angewendet werden, sie autonom billigt oder nicht, ist für ihre Positivität gleichgültig. Ebenso gleichgültig ist für ihre Positivität, ob sie geschichtlich aus dem autonomen Rechtsgefühl vieler Menschen oder aus anderen Entstehungsgründen, z. B. aus der Gewalt egoistischer Machthaber, herzuleiten sind.

Damit entfallen auch die grundsätzlichen Unklarheiten und Streitfragen, die bisher mit der sog. „normativen Kraft des Faktischen" verknüpft sind. Gesetz und Gewohnheitsrecht sind genau so „faktisch" wie Revolution, Staatsstreich und zwischenstaatliches Diktat. Die „normative Kraft" wird allen drei Arten der sog. „Rechtsquellen", dem Gesetz, dem Gewohnheitsrecht und dem „Faktischen", erst vom autonomen Erlebnis des Sollens beigefügt.

Dies bedeutet: einen heteronomen Befehl darf ich nicht darum als „positives" oder „geltendes" Recht bezeichnen, weil ich ihn autonom billige, sondern darum, weil er bisher in der Welt der Tatsachen Grundlage von Massengehorsam gewesen ist und weil zu erwarten ist, daß er auch weiter ebenso wirken wird, solange, bis diejenigen, von denen der heteronome Befehl letztlich ausgeht, ihn abändern oder ihre tatsächliche Macht verlieren. Ein eben erlassenes, noch gar nicht durchgeführtes Gesetz nennen wir — im Gegensatz zu Vorschlägen oder Phantasiegebilden — darum und nur darum positiv, weil wir erwarten, daß es in Zukunft befolgt werden wird, Grundlage tatsächlichen Massengehorsams wird.

Man betrachtet allgemein als „positives" staatliches oder im Staate „geltendes" Recht nur jenes, welches — im Gegensatz etwa zu einem älteren, nicht mehr „geltenden" Recht einer früheren Zeit oder zu Entwürfen de lege ferenda oder zu beliebigen Gedankengebilden — gegenwärtig tatsächlich befolgt und erzwungen wird. Ein aufgehobenes Gesetz, einen Gesetzentwurf, eine bloß theoretisch konstruierte Rechtsordnung bezeichnet niemand als „positives" oder „geltendes" Recht, auch wenn er den Inhalt in seinem autonomen Gewissen und Rechtsgefühl noch so sehr bejaht. Umgekehrt gibt jeder zu, daß irgend etwas „positives", „geltendes" Recht sein könne, das er autonom mißbilligt. Die Quelle der „Positivität" oder der „Geltung" des Rechts, wenn man den mehrdeutigen Ausdruck „Geltung" im gleichen Sinn wie „Positivität" gebraucht, ist demnach nicht die Autonomie des Gewissens und Rechtsgefühls, sondern etwas anderes. Nun wissen wir aber bereits, daß es kein anderes Sollen gibt, als das autonome. Folglich kann „Positivität" kein Sollen bedeuten. Wir kommen daher zu dem Ergebnis: die „Positivität des Rechtes" ist Tatsächlichkeit. Sie ist kein Sollen sondern ein Sein. Sie ist die Tatsächlichkeit des Befehlens und Gehorchens im Staate. Das „positive" staatliche Recht eines Staates ist eine Gesamtheit von Befehlen, welche im Staate erteilt und befolgt werden. Ebenso ist „positives" Kirchen- und Völkerrecht eine Gesamtheit von Befehlen, welche in der Kirche, bzw. in der Völkerrechtsgemeinschaft tatsächlich erteilt und tatsächlich befolgt werden. Wir können auch sagen: Positivität ist Gehorsam als Massenerscheinung, ist Massengehorsam.

Man könnte im analogen Sinne Sitten, Gebräuche und Übungen, welche tatsächlich herrschen, im Gegensatz zu älteren, nicht mehr beobachteten oder zu beliebig erdachten „positive" nennen. Man pflegt aber hier weder von „positiv" noch von „geltend" zu sprechen, sondern man nennt sie „herrschend". Gemeint ist dasselbe: Tatsächlichkeit des Massengehorsams. Doch müssen wir uns hier auf das sogenannte „rechtliche" Geschehen beschränken.

Wir wissen nun, daß das „positive Recht" ein tatsächliches Geschehen ist. Aber damit ist unsere Aufgabe noch nicht gelöst. Denn es gibt auch tatsächliches Geschehen, das nicht als „rechtliches" bezeichnet wird. Wir können die oben aufgeworfene Frage nun etwas schärfer formulieren: wodurch unterscheidet sich jenes tatsächliche Geschehen, das wir „positives Recht" nennen, von jenem, welches wir nicht Recht nennen? Mit anderen Worten: wo läuft innerhalb der Welt des Seins, der Tatsächlichkeit, die Grenze zwischen dem „rechtlichen" und dem „rechtlich irrelevanten" Geschehen?

„Rechtlich" und „rechtlich irrelevant" sind Aussagen über ein sittlich-rechtliches Werturteil, über die Bejahung oder die Verneinung eines Sollens. Werturteile sind autonom. Wir stehen daher vor der Frage: an welche Tatsachen des gesellschaftlichen Geschehens werden autonome sittlich-rechtliche Werturteile geknüpft?

Der Staat beruht auf Befehlen, welche von den Menschen im Staat befolgt werden. Jene Befehle und dieser Gehorsam, den sie finden, sind zunächst Tatsachen des gesellschaftlichen Lebens. Tatsachen stehen allgemeingültig fest, wenn wir gewisse erkenntnistheoretische Voraussetzungen machen, ohne die jedes Nachdenken zwecklos und jede Verständigung unter den Menschen unmöglich wäre. Stehen die Tatsachen aber fest, so sind sie dem Einzelnen „objektiv", d. h. unabhängig von seinem „subjektiven" Werturteil gegeben.

An diese gegebenen Tatsachen knüpft der einzelne sein subjektives autonomes Werturteil, welches ihm sagt, ob ein staatlicher Befehl und ein Akt des Gehorsams gut oder schlecht oder sittlich irrelevant ist. Was die anderen tun und bisher getan haben und voraussichtlich tun werden, ist hiebei für ihn nur Tatbestand, Voraussetzung seines eventuellen Sollens. Auch die autonomen Werturteile der anderen sind für ihn nur Tatbestand und Voraussetzung seines Sollens. Denn er selbst *soll*, wie wir bereits wissen, nur dasjenige, was ihm sein *eigenes* Gewissen und Rechtsgefühl vorschreibt.

Auf diese Weise billigt nun der Einzelne häufig den Gehorsam gegen heteronome Befehle öffentlicher Organe. Er billigt vielleicht auch den Zwang gegen Ungehorsame. Ja, unter Umständen billigt er diesen Zwang sogar dann, wenn der Ungehorsame sich nur darum nicht beugt, weil die Stimme seines Gewissens und Rechtsgefühls ihm den Widerstand gebietet, wenn also staatliche Machthaber ihren Willen gegen die Überzeugung derer, gegen die er sich richtet, erzwingen. Man denke etwa an die Niederwerfung von Revolutionären, die sich heroisch für ihre Sache opfern, und deren Bezwingung doch von vielen ihrer Mitbürger als „recht" und „gut" empfunden wird.

Wir haben demnach noch nicht alles getan, um das Wesen des Rechtes zu erfassen, indem wir es in seine Urbestandteile, in die konkreten autonomen Erlebnisse des Sollens, zerlegt haben. Es müssen die Tatbestände ins Auge gefaßt werden, an welche sich die Erlebnisse des Sollens knüpfen.

Diese Tatbestände liegen im gesellschaftlichen Zusammenleben. Ein isoliertes Individuum ist uns nicht gegeben. Stellen wir uns selbst einen Robinson vor, der alle Erinnerungen an andere Menschen verloren hätte, so würde dieser, wenn wir von seinem Verhältnis zum Jenseits und zu Tieren hier absehen, kein Sollen erleben. Das Individuum im Staate unterscheidet sich in doppelter Hinsicht von Robinson: erstens sind ihm die gesellschaftlichen Erscheinungen, insbesondere der tatsächliche Gehorsam der anderen als Massenerscheinung gegeben; zweitens treten die autonomen Werturteile der anderen dem Einzelnen gleichfalls als Massenerscheinungen gegenüber.

Was nun den ersten dieser beiden Punkte anlangt, so ist es Aufgabe der Soziologie, insbesondere der soziologischen Staatslehre, die Tatbestände zu untersuchen, auf denen Recht und Staat sich aufbauen. Leider nehmen im allgemeinen die Soziologen auf das Sollen, das „Juristische", die Juristen auf das Sein, die gesellschaftlichen Voraussetzungen, das „Soziologische", nicht die gebührende Rücksicht. Ich habe in meinem Buch: La Démocratie versucht, eine Lehre vom Staat zu geben, welche beide Gefahren vermeidet. Der erste, soziologische Teil dieses Buches behandelt das Sein, die Massenerscheinungen des Befehlens und Gehorchens und die Motive des Gehorsams. Auf diese Ausführungen muß ich hier verweisen.

Der Einzelne fügt nun den gesellschaftlichen Tatsachen, die ihm gegeben sind, autonome Werturteile hinzu: aus dem Befehlen wird das Befehlendürfen, aus dem Gehorchen das Gehorchensollen. Hiebei sind die verschiedensten Anschauungen der Individuen denkbar und kommen in der Erfahrung vor. Der Einzelne kann z.B. den Gehorsam gegen die gerade am Ruder befindlichen staatlichen Machthaber schlechthin bejahen. Man spricht dann häufig von „blindem" Gehorsam oder „Kadavergehorsam". Umgekehrt kann der Einzelne den Gehorsam gegen die herrschende Staatsgewalt radikal verneinen, sei es, daß er nur aus Furcht vor Zwang, sei es, daß er gar nicht gehorcht. Man kann dies „revolutionäre" Gesinnung nennen. Ja, ein Individuum kann den Gehorsam gegen jede beliebige, nicht nur gegen die gegebene Staatsgewalt verurteilen. Dies wäre die anarchistische Auffassung. Zwischen diesen Extremen sind die verschiedensten Abstufungen denkbar. So bejahen viele den Gehorsam gegenüber dem Staate nur soweit, als letzterer sich nicht mit bestimmten religiösen Glaubenssätzen in Widerspruch setzt. Andere verurteilen in weitem Umfang oder grundsätzlich den Gehorsam, der nur aus Furcht geleistet wird, insbesondere wegen der mit ihm meist verbundenen Lüge und Heuchelei usw. Die Ansichten der verschiedenen Denker, die Lehren der einzelnen Konfessionen über ihr Verhältnis zum Staat, die Programme der politischen Parteien der verschiedenen Länder und Ideenrichtungen bieten uns die mannigfachsten Beispiele solcher Wertungen.

Wenn wir uns verpflichtet fühlen, einer Person zu gehorchen, weil wir sie als öffentlichen Funktionär, etwa als Gesetzgeber oder als Staatsoberhaupt oder als irgend ein untergeordnetes Organ betrachten, so bedeutet dies Wertung des Massengehorsams. Denn dieser Person soll ja nicht als einer Privatperson gehorcht werden, sondern darum, weil sie in dem Werturteil des Betrachters oder des Gehorchenden für den Staat gesetzt wird, d.h., da ein Staat als besonderes Lebewesen neben den Menschen, die ihn bilden, in der Erfahrungswelt nicht existiert, weil dieses Organ, seine Auftraggeber und die Vorgänger aller dieser Organe schon bisher tatsächlich befohlen haben und die anderen ihnen tatsächlich gehorcht haben. Indem ich also ein „Recht" oder eine „Kompetenz" zu befehlen im vorhandenen Staat bejahe, bejahe ich stets bisherigen, gegenwärtigen und voraussichtlichen Massengehorsam.

Aber dieses Werturteil des Einzelnen ist zunächst nur ein subjektives. Das autonome Werturteil des einen bindet den anderen nicht. Damit kommen wir zu dem zweiten der oben erwähnten Punkte, in dem sich der Mensch im Staate von dem erdachten isolierten Menschen, etwa vom Robinson, unterscheidet. In der weit überwiegenden Mehrzahl der Fälle steht mein Werturteil nicht vereinzelt da. Vielmehr erleben zumeist sehr Viele in bezug auf denselben Tatbestand ein Werturteil gleichen Inhalts. Allerdings gibt es kaum ein Werturteil, in dem alle Menschen übereinstimmen, und gäbe es eines, so wüßten wir dies nicht, da wir nicht alle Menschen fragen können; ja, könnten wir es, so wären wir nie sicher, daß im nächsten Augenblick doch einer auftauche, der anders denkt und fühlt. Wir können demnach, wenn wir auf dem Boden der Erfahrung bleiben und metaphysische Glaubenssätze beiseite lassen, nicht von einer absoluten, wohl aber von einer relativen Allgemeingültigkeit oder relativen „Objektivität" eines Werturteils sprechen. Es gibt mithin ein relativ allgemeingültiges autonomes Recht. Dieses besteht in der Übereinstimmung der Werturteile vieler, in Werturteilen gleichen Inhalts als Massenerscheinungen.

Solche Werturteile spielen im Leben eines jeden Staates eine sehr große Rolle, gleichgültig, welche Staatsform er hat. Ich habe die Grundlagen der staatlichen Herrschaft im ersten Teil meines Buches La Démocratie[1] untersucht und habe dort nachzuweisen versucht, daß die Staatsgewalt sich hauptsächlich auf zwei Motive gründet: auf Furcht vor Gewalt, sei es im Diesseits oder im Jenseits, und auf das Kollektivbewußtsein. Kein Staat kann nur auf Furcht allein gegründet sein. Eine je größere Rolle die Furcht im Staate spielt, desto mehr bedarf er der Zuhilfenahme religiöser Dogmen. Religiöser Glaube aber wertet in der Regel den von der Gottheit angedrohten Zwang im Jenseits und läßt so Wert und Wirklichkeit ineinanderfließen. Soweit das Kollektivbewußtsein die Grundlage des Staates bildet, erschöpft es sich nicht in egoistischen Nützlichkeitserwägungen der Bürger, vielmehr sind auch Patriotismus, Nationalgefühl und Pflichtgefühl der verschiedensten Art Massenerscheinungen. Ja, im Krieg und in der Revo-

[1] Laun: La Démocratie, Paris 1933, S. 51ff.

lution tritt selbst die äußerste Form altruistischen Kollektivbewußtseins, der Wille zur Selbstaufopferung, manchmal als Massenerscheinung auf. Je mehr der Staat in der geschichtlichen Entwicklung fortschreitet, einen desto größeren Raum nimmt im allgemeinen — ungeachtet mancher großer Rückschläge — das Kollektivbewußtsein und einen desto kleineren die Furcht ein. Um so wichtiger werden die Werturteile der Massen für den Staat. Die Furcht vor Höllenstrafen kann den Gehorsam der Massen bis zur Selbstaufopferung auch ohne die Auslösung von Werturteilen erzwingen. Dagegen Selbstaufopferung ohne das Motiv der Furcht, aus Kollektivbewußtsein, ist nur aus altruistischen Beweggründen, aus Pflichtgefühl, aus dem autonomen Erlebnis des Sollens denkbar.

In beiden Fällen, ob sich der Staat auf Furcht oder auf Kollektivbewußtsein gründet, stützt er sich demnach jedenfalls in weitem Maße auf Werturteile als Massenerscheinungen.

Unter diesen Werturteilen nehmen bei der Begründung des positiven Rechts diejenigen eine besondere Stellung ein, welche die Ruhe, Sicherheit und Ordnung im Staate bejahen. Kein Gesetzgeber kann es allen recht machen. Zunächst befindet sich jedes Individuum, das einen Satz des positiven Rechtes in seinem Gewissen und Rechtsgefühl nicht billigt, in einem Konflikt zwischen Sollen und Müssen. Aber es ist in ungezählten Fällen auch ein Konflikt zwischen Sollen und Sollen. Denn in normalen Zeiten bejaht eine große Mehrheit der Menschen den Staat, in dem sie leben, und dessen Rechtsordnung grundsätzlich und ganz im allgemeinen, mögen sie auch vieles Einzelne mißbilligen. Daher bejahen sie grundsätzlich und im allgemeinen die öffentliche Ruhe, Sicherheit und Ordnung in diesem Staat, daher auch den Gehorsam aller gegen die Gesetze selbst da, wo der Einzelne irgend etwas aus diesen Gesetzen mißbilligt, daher auch den eigenen Gehorsam gegen ein als ungerecht betrachtetes Gesetz bis zu irgend einem Grade. Welches dieser Grad ist, mit anderen Worten, wie viel der Gesetzgeber seinen Untertanen zumuten darf, bis sie sich äußerlich oder wenigstens innerlich, in ihrem Gewissen und Rechtsgefühl, gegen ihn auflehnen, ist Frage der Entscheidung des Konflikts zwischen Sollen und Sollen. Einen solchen Konflikt kann, wie wir wissen, nur derjenige oberste Gesetzgeber entscheiden, der den Konflikt geschaffen hat: das autonome Gewissen und Rechtsgefühl des Individuums.

Je höher das sittliche Niveau des Volkes und des Staates ist, je umfangreicher und fürsorglicher die Staatstätigkeit ist, desto höher wird im allgemeinen die Grenze dessen liegen, was der Staat unter diesem Gesichtspunkt dem Gewissen und Rechtsgefühl der Individuen zumuten kann. Einen Staat, der sich im wesentlichen in der Organisierung von Militär, Polizei und Gerichten erschöpft, kann man leicht innerlich ablehnen und geneigt sein, ihm nicht zu gehorchen, wo man sicher ist, nicht ertappt und gezwungen zu werden. Den Staat aber, der dem Einzelnen, Schule, Bildungs- und Verkehrsmittel aller Art, Krankenpflege, Arbeitslosenunterstützung und hundert anderes gewährt, wird selbst der Mann der radikalsten Opposition nicht so leicht ganz und in jeder Hinsicht verleugnen.

Was von allen gesagt worden ist, gilt in höherem Grade von den öffentlichen Organen. Je höher ein solches Organ im Rang steht, desto eher wird es im allgemeinen geneigt sein, den bestehenden Zustand auch innerlich zu billigen. Nicht nur aus Egoismus allein, wie dies die Opposition in Staaten aller Formen gern behauptet, sondern auch aus sittlich-rechtlicher Überzeugung verteidigen im allgemeinen die jeweiligen Machthaber im Staate die jeweilige Verteilung der Macht, d. h. die bestehende Ruhe, Sicherheit und Ordnung.

Aber auch da, wo wirklich Egoismus herrscht, zeigt sich die Macht des sittlichen Werturteils, die Macht des Sollens. Wenn ein Machthaber egoistisch handelt, pflegt er dies nicht einzugestehen, sondern eine Pflicht, eine Rücksicht auf das öffentliche Wohl vorzuschützen. Analoges gilt auf der Seite der Gehorchenden. Auch wer sich gegen die Stimme seines Gewissens aus egoistischen Motiven einem staatlichen Zwang beugt, sucht sich meist auf eine Pflicht, eine Rücksicht auf das öffentliche Wohl, zu berufen. Beide tun dies, wenn und weil sie wissen, daß das sittlich-rechtliche autonome Werturteil in ihrer Brust, das sie verletzen, ein Werturteil von Massen ist. Denn wenn sie die Werturteile der Massen auf ihrer Seite wüßten, würden sie sich gegenüber vereinzelten Individuen, die anders empfinden, nicht entschuldigen. Beide beugen sich also dem Werturteil der Massen innerlich auch da, wo sie ihm entgegenhandeln.

Wenn wir nun die Befehle, welche im Staat tatsächlich erlassen, befolgt und erzwungen werden, das positive Recht nennen und fragen, wodurch sich diese tatsächliche Geschehen von demjenigen tatsächlichen Geschehen unterscheidet, das wir nicht Recht nennen, so lautet die Antwort: in den Werturteilen als Massenerscheinungen. Wenn ich sage, ein Satz ist „positiven Rechtes", so meine ich unter Positivität die Tatsächlichkeit und unter Recht ein Sollen. Die Tatsächlichkeit ist jene des Befehlens und Gehorchens als Massenerscheinung. Das Wort Recht bedeutet ein an diese Tatsächlichkeit geknüpftes Werturteil. Aber was nur nach meinem individuellen subjektiven Gewissen und Rechtsgefühl richtig oder unrichtig ist, dürfte ich noch nicht als „positives Recht" bezeichnen. Die Verbindung der Worte positiv und Recht bedeutet, daß auch das Sollen, das Werturteil als Massenerscheinung vorausgesetzt wird. Die Werturteile der anderen sind für das einzelne autonom wertende Subjekt oder für den theoretischen Betrachter tatsächliche Gegebenheiten, wir dürfen daher den Satz voll aufrechterhalten: Positivität ist Tatsächlichkeit. Der Begriff der Tatsächlichkeit, den wir Positivität nennen, bezieht sich auf eine zweifache Massenerscheinung: erstens darauf, daß Massen tatsächlich gehorchen, zweitens darauf, daß sie zum großen Teil ihren Gehorsam nicht bloß als Müssen sondern als Sollen erleben, daß sie auf Grund von autonomen Werturteilen, aus „Pflicht", aus „Rechtsgefühl", „Rechtsempfinden", „Rechtsbewußtsein", „opinio necessitatis" gehorchen. Positives „Recht" wird der Gehorsam der Massen dadurch, daß diese — im Gegensatz etwa zu den Opfern einer Räuberbande — zum großen Teil nicht bloß aus Zwang und Furcht sondern aus Pflicht gehorchen; aber „positives" Recht ist es eben doch nur dann, wenn es sehr viele sind, die, sei es aus Pflicht, sei es aus Zwang und Furcht oder aus anderen Beweggründen, tatsächlich gehorchen.

Wie viele müssen tatsächlich gehorchen, und wie viele von diesen müssen aus Pflicht gehorchen oder den Gehorsam in ihrem autonomen Gewissen und Rechtsgefühl billigen, damit wir von einem „positiven Recht" sprechen dürfen?

Die Beantwortung dieser beiden Fragen hängt von der Verteilung der Kräfte in jedem einzelnen Fall ab.

Der tatsächliche Gehorsam muß zweifellos bei einer tragfähigen Mehrheit vorhanden sein. Schwindet der bisher geübte Gehorsam bei einem größeren Teil der Bevölkerung, z. B. im Fall einer siegreichen Revolution, eines gelungenen Staatsstreichs oder der Beseitigung der bisherigen Machthaber durch einen auswärtigen Eroberer, so ist die Befehlsgewalt der bisherigen Machthaber, ihre „Kompetenz", positives Recht zu erzeugen, erloschen. Neue positive Rechtssätze bilden sich durch Massengehorsam gegenüber neuen Organen. Auch im Völkerrecht machen wir die Anerkennung einer neuen Staatsgewalt oder kriegführenden Partei davon abhängig, daß sie auf einem bestimmten Gebiet die Ruhe, Sicherheit und Ordnung in einem gewissen Grade aufrecht erhält, mit anderen Worten, daß sie hier den Gehorsam einer tragfähigen Mehrheit findet. In allen Fällen sind Übergänge zwischen dem Vorhandensein und dem Fehlen einer tragfähigen Mehrheit möglich. Daher gibt es G r a d e d e r P o s i t i v i t ä t, wie in allen Fragen der Tatsächlichkeit: natura non facit saltum.

Kämpfen zwei oder mehrere tatsächliche Gewalten und daher mehrere Ordnungen miteinander, die den Anspruch erheben, „positive Rechtsordnung" zu sein, wie im Falle der Unentschiedenheit einer Revolution, eines Staatsstreichs oder eines Kampfes mit einem ins Land gedrungenen äußeren Feind, so entscheidet der Einzelne, welcher gehorcht, befiehlt oder die Dinge theoretisch betrachtet, zunächst autonom, auf welcher Seite er das Recht und auf welcher er das Unrecht sieht, und in der Welt der Tatsachen wählt er zwischen Gehorsam und Ungehorsam auf eigene Gefahr. Auch sein tatsächliches Verhalten kann Übergänge und Grade aufweisen. Dagegen das autonome Werturteil kann, vorausgesetzt, daß die Tatsachen klargestellt sind, scharfe Grenzen ziehen. Gegebenenfalls ist es vor ein Entweder-Oder gestellt und muß genau, mit „juristischer Schärfe" entscheiden, von welchem Zeitpunkt an die Befehle einer Person verbindlich oder nicht mehr verbindlich sind. Quelle neuen „positiven" Rechtes werden alle solchen subjektiven Werturteile erst, wenn sie in genügender Zahl als Massenerscheinungen auftreten und tatsächlichen Massengehorsam begründen.

Der tatsächliche Gehorsam kann sich auch allmählich und nur in einzelnen Fragen ändern. Dann sprechen wir nicht von Revolution oder Staatsstreich, sondern von der Bildung neuen Gewohnheitsrechtes. Die alte bisher ungelöste Streitfrage, wieso sich neues Gewohnheitsrecht gegen früheres positives Recht bilden könne, da doch aus Unrecht niemals Recht entstehen könne, macht der hier vertretenen Lehre keinerlei Schwierigkeiten. Neues Gewohnheitsrecht ist dieselbe Erscheinung wie Revolution und Staatsstreich: Änderung des tatsächlichen Gehorsams, nur zeitlich verlangsamt und sachlich eingeschränkt. Zwischen dem Gewohnheitsrecht auf der einen Seite und der Revolution und dem Staatsstreich auf der anderen Seite sind alle möglichen Übergänge und Zwischenstufen denkbar.

Nun zur zweiten Frage: Wie viele von denen, die tatsächlich gehorchen, müssen aus Pflicht gehorchen, damit wir nicht nur von tatsächlichem Gehorsam sprechen dürfen, wie bei den Opfern einer Räuberbande, sondern von positivem „Recht"?

Wir wissen, kein Gesetzgeber kann es allen recht machen. Stets wird ein Teil im Staate nur aus Furcht oder aus anderen Gründen bedingten Müssens gehorchen. Würden aber alle oder fast alle einzig und allein nur aus Furcht gehorchen, wie die Gefangenen eines Seeräuberstaates, die unbewaffnet auf Schiffen oder Inseln von einer kleinen Zahl Bewaffneter im Zaum gehalten würden, so würden wir die hier herrschende Ordnung trotz des tatsächlich herrschenden Massengehorsams gewiß keine „Rechts"-Ordnung nennen. Sobald wir den Begriff „positiv" mit dem Begriff „Recht" verbinden, setzen wir voraus, daß wenigstens ein großer Teil der Akte des tatsächlichen Gehorsams auf autonomem Sollen beruht. Auch nach dieser Richtung hat die Positivität Grade und Abstufungen. Je weniger Menschen aus autonomem Pflichtgefühl, je mehr bloß aus Furcht gehorchen, desto labiler ist bei sonst gleichen Umständen die Staatsgewalt, desto weniger sicher ist es, ob das, was bisher „positives" Recht gewesen ist, dies auch noch morgen sein wird, desto unzuverlässiger daher die „Positivität" des bisherigen Rechtes. Eine scharfe Grenze in diesem Übergang kann auch hier wie oben nur das hinzutretende autonome Werturteil ziehen.

Die Bedeutung des Gesagten zeigt sich besonders in unruhigen Zeiten, deren Schwankungen der heteronomischen Rechtsdogmatik unerfaßlich sind. In normalen Zeiten dagegen, solange Ruhe, Sicherheit und Ordnung nicht gestört sind, ist die Zahl der tatsächlich Gehorchenden und die Zahl der Werturteile, die den allgemeinen Gehorsam gegen Gesetze und Behörden auch für den Fall abweichenden Rechtsgefühls billigen, so groß, daß das Werturteil, welches den Gehorsam gegen das positive Recht bejaht, den Schein der absoluten Allgemeingültigkeit gewinnt. Es ist der

Schein der Heteronomie des rechtlichen Sollens entstanden.

Der Glaube an die Heteronomie des Rechtes ist somit erklärt. Er widerspricht demnach der Erkenntnis nicht, daß das Recht autonom ist.

Im übrigen sei es mir, was den Staat und die Positivität des Rechtes anlangt, gestattet, auf meine früheren Arbeiten hinzuweisen[1].

Das positive Recht besteht, wie wir gesehen haben, in der Tatsache des Befehlens und Gehorchens im Staat, in der Kirche und in der Völkerrechtsgemeinschaft. Die Grundfrage für das Verständnis jedes positiven Rechtes ist daher die Frage: wer befiehlt, wer gehorcht? Es gibt im gesellschaftlichen Leben viele tatsächliche heteronome Befehle und Aufforderungen, die befolgt werden, die wir nicht als Befehle des positiven Rechtes betrachten, z.B. unter Freunden, in Vereinen, in Versammlungen, aber auch innerhalb einer Verbrecherbande oder im Verhältnis zwischen Verbrechern und ihren Opfern. Wir müssen daher die positivrechtlichen heteronomen Befehle von den nichtrechtlichen heteronomen Befehlen abgrenzen. Wie ist dies möglich? Die bisherige Rechtswissenschaft antwortet vom Boden ihres Glaubens an die Heteronomie des Rechtes: der Rechtsbefehl geht von einem zu seiner Erteilung „zuständigen" oder „kompetenten" öffentlichen „Organ" aus, der nichtrechtliche nicht. In dem Begriff des zuständigen Organs steckt bereits ein Werturteil, ein Gehorchensollen. Kann die Kompetenz der öffentlichen Organe, zu befehlen, vom autonomen Erleben der Gehorchenden abhängen? Dies scheint auf den ersten Blick undenkbar. Noch einmal scheint alles, was bisher ausgeführt worden ist, zusammenzustürzen.

Wir haben uns daher mit dem Begriff der Kompetenz auseinanderzusetzen. Hierbei soll wieder, wie im Vorhergehenden, der Kürze des Ausdrucks halber nur vom staatlichen Recht und von Staatsorganen die Rede sein.

Die Kompetenzordnung ist das Rückgrat der positiven Rechts-

[1] Der Wandel der Ideen, Staat und Volk als Äußerung des Weltgewissens. Barcelona und Berlin 1933, III. Teil, 2. Abschn.: Der Staat; La Positività del Diritto, übersetzt von Dr. Enrico Porzio, in: Rivista di Diritto Pubblico, 1933, S. 305ff.; La Démocratie, Paris 1933, Erster, soziologischer, und zweiter, juristischer Teil.

ordnung. Das positive Recht ist die Summe aller heteronomen Befehle aller zur Befehlsgebung „kompetenten", „zuständigen" Organe. Aber die Kompetenzordnung ist das Rückgrat nicht nur des Rechts, sondern ebenso jeder auf heteronomen Befehlen beruhenden Moralordnung. Man denke etwa an die jurisdictio pro foro interno des kanonischen Rechts oder ganz allgemein an die Kompetenz der Priester verschiedener Bekenntnisse, Sünden zu vergeben. Dagegen für den Bereich der Autonomie ist jeder sein eigener und sein einziger kompetenter Gesetzgeber, gleichgültig, ob man hier von Recht oder von Sittlichkeit spricht. Was bedeutet nun die Kompetenzordnung des positiven Rechts auf dem Boden der Lehre von der Autonomie des Rechts?

Die bisherige heteronomische Rechtswissenschaft betrachtet die Kompetenz eines öffentlichen Organs als eine vom Gesetzgeber verliehene Eigenschaft, vermöge welcher bestimmte Akte dieses Organs nicht als Akte der physischen Person sondern als Akte des Staates oder einer anderen öffentlichen Körperschaft gewertet werden. Der oberste Gesetzgeber, der Träger der Kompetenzhoheit, ist befähigt, nicht nur anderen sondern auch sich selbst Kompetenzen zuzuteilen, wie Münchhausen sich selbst an seinem Zopf aus dem Sumpf ziehen kann. Die Frage, woher der Gesetzgeber diese merkwürdige Fähigkeit hat, wird vom juristischen Positivismus einschließlich seiner neukantischen Vertreter als „metajuridisch", „metajuristisch", „juristisch unkonstruierbar" usw. abgeschoben.

Nach der hier vertretenen Lehre handelt es sich um folgendes.

Die „Kompetenz" zu befehlen ist das logische Gegenstück der „Pflicht", zu gehorchen. Wenn man nicht von „Recht" sondern von „Kompetenz" oder „Zuständigkeit" spricht, so deutet man damit an, daß das Motiv der Regelung nicht nur das Interesse des Befehlenden sondern auch das der Gesamtheit ist. „Kompetenz" irgend jemandes bedeutet die Pflicht aller anderen, sich letztlich der Entscheidung oder Verfügung dessen, der „kompetent" ist, unterzuordnen. Wenn mein Gewissen und Rechtsgefühl mir autonom vorschreibt, mich den heteronomen Befehlen — Befehle im sprachlichen Sinn verstanden — oder der tatsächlichen Gewalt eines anderen zu fügen, so legt es dieser Person eine „Kompetenz" zu diesen Maßregeln bei. Wenn das Individuum den Staat und die Ruhe, Sicherheit und Ordnung im Staat bejaht, muß es dem

Staat gehorchen, d. h., es muß jemand gehorchen, und zwar demjenigen, der für das Gewissen und Rechtsgefühl des Gehorchenden den Staat repräsentiert. Dieser Jemand ist daher keine beliebige Privatperson, sondern eine ganz betimmte Person oder Personenmehrheit, welcher mich mein Gewissen und Rechtsgefühl im Interesse der Gesamtheit unterwirft, weil es im konkreten Fall in ihr und gerade nur in ihr die Gesamtheit handeln sieht. Diesen Akt der autonomen Unterwerfung meinen wir, wenn wir sagen, wir „sollen" dem kompetenten Organ gehorchen.

Warum sehen wir aber gerade in diesen Personen oder Personenmehrheiten den Staat handeln? Wem haben wir zu gehorchen, wenn wir dem Staat gehorchen, uns den Anforderungen seiner Ruhe, Sicherheit und Ordnung unterwerfen wollen?

Die Antwort geht aus dem oben[1] Gesagten bereits hervor. Indem ich eine Kompetenz bejahe, bejahe ich stets bisherigen, gegenwärtigen und voraussichtlichen Massengehorsam. In dem Begriff der Kompetenz im Sinne irgend eines positiven Rechtes steckt daher bereits ein Stück der tatsächlichen Machtverteilung als Voraussetzung eines Sollens. Wir machen uns den heteronomen Befehl zu eigen, machen ihn zum autonomen Befehl. Kompetenz ist demnach die vom autonomen Gewissen und Rechtsgefühl bejahte, in die Welt des Sollens erhobene tatsächliche Macht, zu befehlen, und die entsprechende Pflicht, zu gehorchen. Setzen wir nun noch übereinstimmende Werturteile Vieler, d. h. ein relativ allgemeingültiges und in so weit objektives autonomes Recht und überdies einen dem entsprechenden tatsächlichen Massengehorsam voraus, so können wir sagen: Kompetenz ist die nach positivem Recht einer Person oder Personenmehrheit zustehende Fähigkeit, verbindliche Befehle zu erteilen. Dabei ist in dem Wort: „verbindlich" die entsprechende Pflicht, zu gehorchen ausgedrückt. Aber die Worte „Pflicht" und „verbindlich" haben hier eine wesentlich andere Bedeutung als in der heteronomischen Rechtswissenschaft.

Die Träger der Kompetenzen können einander über- und untergeordnet sein, sie haben nach unten zu befehlen und nach oben zu gehorchen. Der Träger der Kompetenzhoheit hat nur zu befehlen und niemand zu gehorchen. Kompetenzhoheit ist demnach

[1] S. 48, 49.

die vom autonomen Gewissen und Rechtsgefühl bejahte, in die Welt des Sollens erhobene tatsächliche Macht — bzw. unter analogen Voraussetzungen wie oben die nach positivem Recht einer Person oder Personenmehrheit zustehende Fähigkeit, — nur befehlen zu dürfen und niemand gehorchen zu müssen, mithin die Fähigkeit, die eigene Kompetenz und die aller anderen Organe zu regeln.

Die Kompetenzhoheit ist das superiorem non recognoscere der mittelalterlichen Autoren. Aber nach der hier vertretenen Lehre entscheidet nicht der Träger der Macht, ob er superiorem recognoscit oder nicht, sondern das autonome Gewissen und Rechtsgefühl der Gehorchenden.

Man hat den Begriff der Kompetenzhoheit mit jenem der sog. Grundnorm in Zusammenhang gebracht. Dieses Problem habe ich in meinem wiederholt erwähnten Buch: Der Wandel der Ideen Staat und Volk[1] behandelt und muß hier auf das dort Gesagte Bezug nehmen, da sonst zu umfangreiche Wiederholungen nötig wären.

Um noch viel umfangreichere Wiederholungen zu vermeiden, muß ich auch bezüglich des Verhältnisses der Kompetenzhoheit des Staates zu jener des Völkerrechts auf frühere Arbeiten verweisen[2].

Im Sinne einer jeden Staatsverfassung, sei sie nun eine geschriebene oder eine ungeschriebene, ebenso im Sinne jeder Verfassung einer autonomen Kirche oder Religionsgemeinschaft, endlich auch im Sinne der Verfassung der Völkerrechtsgemeinschaft muß die Kompetenzhoheit einem bestimmten Träger, einem bestimmten Organ zustehen. Denkbar ist auch die Koordination zweier oder mehrerer Organe, wie z.B. jene des Papstes und des allgemeinen Konzils nach dem Sieg des Papalsystems im kanonischen Recht. Nach unerbittlichen logischen Denkgesetzen stört eine solche Koordination die Einheit der Rechtsordnung nur dann nicht, wenn für das Verhältnis der Befehle der beiden koordinierten obersten Gewalten untereinander die Geltung des Satzes vorausgesetzt wird: lex posterior derogat priori. Sonst läge keine einheitliche Rechtsordnung vor sondern ein Kampf zwischen zwei oder mehreren Gewalten um die Vorherrschaft und ein ungeordnetes Chaos. Vermöge jenes Satzes aber kann man sich abgekürzt

[1] S. 335 ff., bes. 338 ff. [2] Der Wandel der Ideen Staat und Volk, I. und III. Teil, passim, insbes. S. 435, 436, und La Démocratie, S. 101, 102.

auch so ausdrücken, daß ein einziger oberster Gesetzgeber da ist, nämlich derjenige, der zuletzt gesprochen hat. Auch wo mehrere, in ihren übrigen Kompetenzen getrennte Organe bei der obersten Befehlsgebung zusammenwirken, wie z. B. der Monarch und das Parlament in der konstitutionellen Monarchie, ist das in Wahrheit oberste Organ ein einziges. Es besteht in diesem Fall aus dem Monarchen und dem Parlament. Weder der Monarch allein noch das Parlament allein ist kompetent, die gemeinsam beschlossene Verfassung abzuändern. Träger der Kompetenzhoheit ist demnach immer ein Organ des Staates.

Ein Zweifel könnte sich bezüglich der unmittelbaren Demokratie erheben. Wenn das Volk selbst — auf dem Wege von Volksversammlungen oder Volksabstimmungen — die oberste Gesetzgebungsgewalt ausübt, kann man dann noch sagen, daß ein „Staatsorgan" der Träger der Kompetenzhoheit ist? Steht denn der Mechanismus des Staates über dem Volk und nicht vielmehr das Volk über dem Mechanismus des Staates?

Man muß hier zwei Bedeutungen des Wortes „Volk" auseinanderhalten. Die Stimmberechtigten sind immer nur ein Teil des ganzen Volkes. Niemand wird aber behaupten, daß sie in der Demokratie eigene Herrenrechte zu vertreten haben, sie gelten vielmehr als die Vertreter des ganzen Volkes einschließlich der zukünftigen Generationen. Sie müssen daher auch als Organ bezeichnet werden. Im übrigen sei auf den Abschnitt: L'idée de la représentation dans la Démocratie meines Buches: La Démocratie[1] hingewiesen.

Jede positive Rechtsordnung, in jeder Staatsform, wird also dadurch zu einer Einheit zusammengehalten, daß an ihrer Spitze ein Organ steht, welches der Träger der Kompetenzhoheit ist. Der juristische Positivismus betrachtet diese Organe als die Entstehungsquelle des heteronomen Rechts. Die Lehre von der Autonomie des Rechtes zeigt, daß dies unzutreffend ist. Niemand hat die Fähigkeit, andere zu verpflichten, wenn diese anderen ihm nicht autonom, in ihrem eigenen Gewissen und Rechtsgefühl, diese Fähigkeit zubilligen. Wenn aber, um auf das frühere Beispiel zurückzukommen, Münchhausen sich nicht selbst an seinem Zopf aus dem Sumpf ziehen kann, er aber trotzdem herauskommt — es

[1] S. 127ff., insbesondere S. 130ff.

gibt ja heteronome positive Rechtsordnungen, die als verpflichtend betrachtet und befolgt werden — so muß außerhalb seiner Person eine Kraft vorhanden sein, die ihn herauszieht. Der Träger der Kompetenzhoheit des positiven Rechtes muß seine Befugnis aus einer über ihm stehenden Quelle ableiten. Diese erst ist in Wahrheit die Entstehungsquelle des Rechts. Es ist, wie wir gesehen haben, das autonome Erlebnis des Gewissens und Rechtsgefühls der Individuen, der Volksgenossen. Das Recht als Sollen, das Rechtsgefühl der Volksgenossen, des „Volkes", steht über dem Staat und dessen heteronomer positiver Rechtsordnung, daher auch über dem Träger der Kompetenzhoheit des positiven Rechtes.

Worin dieses Recht und worin das Volk als Erzeuger dieses Rechtes zu sehen ist, da ja doch niemals alle in allen Werturteilen übereinstimmen, damit sollen sich die folgenden Abschnitte befassen.

IV. Die Allgemeingültigkeit des sittlichen und rechtlichen Sollens.

Als Kant mit seiner Lehre von der Autonomie des sittlichen Willens die größte Revolutionierung des ethischen Denkens hervorrief, welche die Geschichte der Wissenschaft kennt, da war er der Überzeugung, daß der sittliche Wille des Einzelnen bei seiner „autonomen" Entscheidung lediglich der Vollstrecker eines allgemeingültigen Sittengesetzes sei. So fragt er in der Grundlegung zur Metaphysik der Sitten: „. . . und wie sollen Gesetze der Bestimmung unseres Willens für Gesetze der Bestimmung des Willens eines vernünftigen Wesens überhaupt und nur als solche auch für den unsrigen gehalten werden, wenn sie bloß empirisch wären und nicht völlig a priori aus reiner, aber praktischer Vernunft ihren Ursprung nähmen?[1]". Das sittliche Bewußtsein zeigt sich in dem Anspruch unserer sittlichen Urteile auf Notwendigkeit, auf Allgemeingültigkeit für alle vernünftigen Wesen. Diese Urteile treten entweder in der Form auf, daß wir gewisse Gesetze als allgemeingültig für das sittliche Leben betrachten, oder in der Form, daß wir Handlungen und Willensentscheidungen der Menschen als gut und böse bezeichnen, und zwar mit dem Anspruch auf Allgemeingültigkeit und Notwendigkeit.

Jedes unserer sittlichen Urteile setzt nach Kant ein a priori

[1] Akademie-Ausgabe. S. 408.

geltendes allgemeinverbindliches Sittengesetz bereits voraus. Kant bezeichnet es in seiner Kritik der praktischen Vernunft als ein „Paradoxon" seiner Methode, daß „der Begriff des Guten und Bösen nicht vor dem moralischen Gesetz (dem er dem Anschein nach sogar zum Grunde gelegt werden müßte), sondern nur (wie hier auch geschieht) nach demselben und durch dasselbe bestimmt werden müsse[1]". Die Begriffe des Guten und Bösen stehen „unter einer praktischen Regel der Vernunft, welche, wenn sie reine Vernunft ist, den Willen a priori in Ansehung seines Gegenstandes bestimmt[2]. Ob eine Handlung unter die Regel falle, entscheide die praktische Urteilskraft, „wodurch dasjenige, was in der Regel allgemein (in abstracto) gesagt wurde, auf eine Regel in concreto angewandt wird[3]".

An einer späteren Stelle findet sich der Satz: „Die moralische Gesinnung ist mit einem Bewußtsein der Bestimmung des Willens unmittelbar durchs Gesetz notwendig verbunden[4]. In der Metaphysik der Sitten erklärt Kant das Sittengesetz, das in uns spricht, für unfehlbar: „das moralische Gesetz aber in uns selbst für betrüglich anzunehmen, würde den Abscheu erregenden Wunsch hervorbringen, lieber aller Vernunft zu entbehren . . .[5].

Der Einzelne würde demzufolge nach Kant den konkreten Fall unter ein a priori in der Vernunft vorhandenes allgemeingültiges — d.h. für alle vernünftigen Wesen verbindliches abstraktes — Gesetz synthetisch-deduktiv subsumieren. Das Gewissen würde also, so müssen wir hinzufügen, verfahren wie der Richter und Verwaltungsbeamte gegenüber dem heteronomen positiven Recht: ein allgemeingültiges — d.h. bei der juristischen Subsumption: ein für alle Tatbestände, die es treffen will und nach den Grenzen der staatlichen Macht treffen kann, verbindliches — abstraktes Gesetz wird synthetisch-deduktiv auf den konkreten Fall angewendet.

Das Sittengesetz existiert also nach Kant in der Vernunft aller vernünftigen Wesen bereits „a priori", d.h. unabhängig von den konkreten Erfahrungserlebnissen des Einzelnen, damit ein sittliches Werturteil überhaupt erst möglich wird. Wir können hinzufügen: ebenso existiert das staatliche heteronome Gesetz, damit seine Anwendung auf konkrete Fälle überhaupt erst möglich

[1] Akademie-Ausgabe, S. 63. [2] Ebenda, S. 67. [3] Ebenda.
[4] Ebenda, S. 116. [5] Akademie-Ausgabe, S. 355ff.

wird, bereits in dem Sinn a priori, daß es unabhängig von den konkreten Erlebnissen und Wissensinhalten des Richters oder Verwaltungsbeamten vorhanden ist, der das positive Recht handhaben soll.

Eine solche synthetisch-deduktive Subsumptionstätigkeit kann nur der Verstand vollziehen. So sagt denn Kant, das Sittengesetz habe „kein anderes die Anwendung desselben auf Gegenstände der Natur vermittelndes Erkenntnisvermögen als den Verstand[1]". Dieser unterlegt der Idee der Vernunft ein Gesetz. Kant bezeichnet das Naturgesetz als den „Typus des Sittengesetzes" und sagt: „Wenn die Maxime der Handlung nicht so beschaffen ist, daß sie an der Form eines Naturgesetzes überhaupt die Probe hält, so ist sie sittlich unmöglich. So urteilt selbst der gemeine Verstand"[2]. Wir können diese Gedanken etwa so ausdrücken: das Sittengesetz ist nach Kant als Voraussetzung unserer sittlichen Werturteile ebenso allgemeingültig wie das Naturgesetz als Voraussetzung unserer theoretischen Urteile über ein Naturgeschehen, und diese Allgemeingültigkeit sieht selbst der gemeine Verstand ein.

Wenn das Sittengesetz allgemeingültig ist, so muß es auch vor Kant gegolten haben, es mußte aber auch, wenn auch nicht so klar wie bei Kant, dem „gemeinen Verstand" bemerkbar geworden sein. In der Tat war Kant bekanntlich nicht der Ansicht, daß er material neue Regeln des sittlichen Verhaltens entdeckt habe. So sagt er in der Grundlegung zur Metaphysik der Sitten: „So sind wir denn in der moralischen Erkenntnis der gemeinen Menschenvernunft bis zu ihrem Prinzip gelangt, welches sie sich zwar freilich nicht so in einer allgemeinen Form abgesondert denkt, aber doch jederzeit wirklich vor Augen hat und zum Richtmaße ihrer Beurteilung braucht." Mit diesem Kompasse könne die gemeine Menschenvernunft sehr leicht gut und böse unterscheiden, „wenn man, ohne sie im mindesten etwas Neues zu lehren, sie nur, wie Sokrates tat, auf ihr eigenes Prinzip aufmerksam macht[3]". In der Vorrede zur Kritik der praktischen Vernunft stimmt Kant in einer Anmerkung einem Rezensenten zu, der von dieser Schrift gesagt habe: „daß darin kein neues Prinzip der Moralität, sondern nur eine neue Formel aufgestellt worden[4]. Kürzlich hat Hans

[1] Kritik der praktischen Vernunft, S. 69. [2] Ebenda, S. 69, 70.
[3] Akademie-Ausgabe, S. 403, 404. [4] Akademie-Ausgabe, S. 8.

Reiner in den Kant-Studien, Bd. XXXIX, S. 1ff., gezeigt, daß Formulierungen, die sich mit derjenigen Kants bis zu einem gewissen Grade berühren, bereits in der Antike auftreten.

Wie verhält sich dies alles nun zu der unleugbaren, auch von Kant anerkannten Tatsache, daß die einzelnen Menschen inhaltlich ganz verschiedene sittliche Werturteile fällen?

Kants Antwort lautet bekanntlich dahin, daß das Sittengesetz, der kategorische Imperativ — im Gegensatz zu den hypothetischen Imperativen — niemals von uns eine bestimmte konkrete Handlung fordere sondern nur eine formale Bestimmung enthalte, deren Anwendung auf den konkreten Fall empirisch durch die jeweils gegebene Erfahrung bedingt werde. Wenn wir nach dem Inhalt des kategorischen Imperativs fragen, so „bleibt nichts als die Allgemeinheit eines Gesetzes überhaupt übrig"[1]. Daher lautet die erste und grundlegende seiner Formulierungen des kategorischen Imperativs: „Handle nur nach derjenigen Maxime, durch die du zugleich wollen kannst, daß sie ein allgemeines Gesetz werde"[2]. Ihr entspricht die einzige Formulierung, welche in die Kritik der praktischen Vernunft übergegangen ist: „Handle so, daß die Maxime deines Willens jederzeit zugleich als Prinzip einer allgemeinen Gesetzgebung gelten könne"[3].

Wie Kants Kritiker oft hervorgehoben haben, ist es völlig unmöglich, aus dieser rein formalen Bestimmung irgend eine empirische Maxime oder einen bestimmten konkreten Befehl abzuleiten. Kant hat die Schwierigkeit der „Subsumption einer mir in der Sinnenwelt möglichen Handlung unter einem reinen praktischen Gesetze" wohl gefühlt[4]. Er will ihr durch eine Umgestaltung seines kategorischen Imperativs aus einer bloß formalen in eine inhaltlich bestimmte Regel entgehen. Diese Umgestaltung hat Kant im zweiten Buche des ersten Teils der Kritik der praktischen Vernunft vorgenommen. In der Anlage des Menschen besteht eine Antinomie zwischen dem Streben nach Tugend und jenem nach Glückseligkeit. Sie wird dadurch überwunden, daß für unser sittliches Bewußtsein nur die Tugend würdig ist, der Glückseligkeit teilhaftig zu werden. Wir müssen die Welt so denken, daß der Tugend dieser Lohn auch wirklich zuteil wird. Daher sind wir genötigt,

---

[1] Kant: Grundlegung zur Metaphysik der Sitten, Akademie-Ausgabe, S. 421. [2] Ebenda. [3] Akademie-Ausgabe, S. 30.

[4] Kant: Kritik der praktischen Vernunft, Akademie-Ausgabe, S. 68.

an eine unsterbliche Seele, an eine moralische Weltordnung, welche jene Belohnung sichert, und an eine Gottheit zu glauben.

Es wäre unmöglich, hier auf alle damit aufgerollten Probleme und auf die ganze nachkantische Literatur eingehen zu wollen. Wir müssen uns hier auf den Begriff der Autonomie und auf dasjenige beschränken, was zur Begründung der hier vertretenen Auffassung notwendig ist. Aber so unabsehbar das Verdienst ist, das Kant sich um das menschliche Denken erworben hat, indem er die Autonomie des sittlichen Handelns entdeckt hat, so wenig kann man meines Erachtens bei seiner Methode und seiner Formulierung stehen bleiben.

Zunächst widerspricht jede materiale Inhaltsbestimmung des Sittengesetzes jenem oben zitierten Satz von der Unfehlbarkeit unseres sittlichen Bewußtseins. Entweder dieses ist unfehlbar, dann muß es in allen Menschen material gleich sein. Oder ist es nicht material gleich — und dies ist eine unleugbare Tatsache unserer Erfahrung — dann kann es nicht unfehlbar sein. Die Untrüglichkeit unserer Erkenntnis eines abstrakten Sollens, eines allgemeingültigen Sittengesetzes, muß also jedenfalls preisgegeben werden.

Es bleibt also nur die Form ohne Inhalt, die leere Form des allgemeinen Gesetzes: Handle nach Grundsätzen, von denen du „wollen kannst", daß alle sie sich zur Regel machen; oder: Handle so, daß dein Grundsatz als Prinzip einer allgemeinen Gesetzgebung „gelten könne". Dem muß man, wie dies oft geschehen ist, die Frage entgegenhalten: Was heißt „Wollen-können", „Gelten können"? Entweder Können heißt hier Dürfen, Sollen, dann ist die ganze Formel ein circulus vitiosus: Du darfst wollen, was du wollen darfst, Du sollst wollen, was du wollen sollst. Oder aber das Können ist kausal bedingtes Sein, ich werde bei meiner vermeintlich autonomen Gesetzgebung von Zwecken und Interessen beherrscht, z. B. ich behandle andere gut, weil ich wünsche, im analogen Fall selbst gut behandelt zu werden: dann ist nicht das formale Sittengesetz sondern eigenes Wohlergehen letzter Entscheidungsgrund meines Handelns, dann liegt, in der Sprache Kants, kein kategorischer sondern ein hypothetischer Imperativ vor, nach meiner Behauptung überhaupt kein Sollen sondern bedingtes Müssen.

Sieht man selbst von dieser Schwierigkeit ab, so ist doch jedenfalls die leere Form des allgemeingültigen Gesetzes ohne Inhalt bekanntlich nicht imstande, irgendwelches materiale Verhalten, auch nur das bescheidenste ethische Minimum, zu bestimmen. Der größte Verbrecher dürfte die scheußlichste Tat begehen, wenn er nur „wollen kann“, wenn es ihm gleichgültig ist, daß andere in gleicher Lage ebenso handeln „dürfen“. Psychologisch ist dies durchaus denkbar, namentlich wenn er sich für schlauer oder stärker hält als jene, die ein gleiches Verbrechen gegen ihn begehen könnten.

Wenn wir uns diese Gedanken vergegenwärtigen, müssen wir uns klar machen: von der Allgemeingültigkeit des autonomen Sittengesetzes als eines abstrakten Gesetzes bleibt nichts, gar nichts übrig.

Es kommt allerdings in der Praxis manchmal vor, daß jemand sein eigenes Verhalten bestimmt, indem er den konkreten Fall unter eine allgemeine Regel subsumiert, die er sich selbst autonom gegeben hat. Allein erstens muß dies stets eine materiale, inhaltlich bestimmte Regel sein, wenn sie den konkreten Fall eindeutig entscheiden soll. Zweitens ist dieser ganze Vorgang doch nicht ausnahmslos im ganzen Bereich unseres Sollens gegeben, wie dies der Fall sein müßte, wenn Kants Auffassung zuträfe; der Vorgang einer solchen Subsumption ist im Allgemeinen die Ausnahme und nicht die Regel. Sogar bei der Anwendung heteronomen staatlichen Rechtes durch den Richter oder Verwaltungsbeamten ist es nicht so, wie dies die positivistische Rechtswissenschaft behauptet, daß die Entscheidung stets durch Subsumption des konkreten Falls unter die abstrakte Rechtsnorm — oder ausnahmsweise unter eine lex individualis — getroffen wird. Wie insbesondere die Vertreter der Freirechtsbewegung oft betont haben, kommen richterliche Urteile sehr häufig so zustande, daß zuerst der konkrete Fall gefühlsmäßig entschieden wird und daß die abstrakten Entscheidungsgründe nachträglich aus Gesetzesparagraphen mühsam zusammengesucht oder aus der „Natur der Sache“ u.dgl. behauptet werden. Noch viel häufiger kommt Analoges offenbar bei Verwaltungsakten vor. Wenn solches schon bei den positivistisch gebildeten Juristen geschieht, um wie viel mehr dann erst im Gewissen und Rechtsgefühl des Laien, der in irgend einer Frage des Alltags schlüssig wird, was er „soll“.

Der Satz Kants, daß die moralische Gesinnung „mit einem

Bewußtsein der Bestimmung des Willens unmittelbar durchs Gesetz notwendig verbunden“ sei, ist also unzutreffend. Zwar könnte man das Gewissen unter Umständen einen Richter nennen. Aber es ist noch viel weniger ein Subsumptionsautomat als der Richter, der heteronomes positives Recht anwendet. Kant steckt trotz der ungeheuren Tat, die er mit seiner Lehre von der Autonomie vollbracht hat, noch ganz in der rationalen Philosophie seiner Zeit. Er glaubt an ein Vermögen der Vernunft, a priori mit Sicherheit allgemeingültige Regeln des Sollens zu erkennen. Wir sehen nunmehr klar, warum er über das rationale Naturrecht nicht hinauskommen konnte. Von seiner Auffassung der Autonomie aus war dies nicht möglich.

Ich darf daher, si licet parva componere magnis, sagen, daß mich die Frage nach der Verbindlichkeit des positiven heteronomen Rechtes aus dem „dogmatischen Schlummer“ geweckt hat. Von Kants Auffassung der Autonomie aus war dieser Frage nicht beizukommen.

Wie soll man aber vorgehen? Man muß auf die Tatsachen, auf die Erfahrung, zurückgreifen, und zwar so lange und so weit zurück als möglich.

Auch Kant hat sich auf Tatsachen gestützt, wenngleich Schopenhauer in seiner Preisschrift über die Grundlage der Moral, § 6, dies leugnet und jeden für einen „Philosophaster“ erklärt, der dies annimmt. Mehrfach bezeichnet Kant das Sittengesetz als ein „Faktum“. Deussen[1] zählt zwölf Stellen der Kritik der praktischen Vernunft auf, an denen dies zutrifft. Aber man muß Deussen zustimmen, wenn er hinzufügt: „Es wäre richtiger gewesen, hiervon auszugehen. Denn ein Faktum deduziert man nicht, sondern man konstatiert es, beobachtet es, beschreibt es und sucht womöglich es zu ergründen.“

Wenn wir die Erlebnisse des sittlichen und jene des rechtlichen Sollens in ihre letzten uns gegebenen Elemente auflösen, so finden wir das Folgende:

Erstens: was in den Erlebnissen des Sollens lebendig wird, ist nicht der Verstand, nicht logisch überprüfbare Denktätigkeit, die subsumiert, sondern ein nicht weiter ableitbares und überprüfbares und auf keine einfachere Form mehr zurückführbares Ge-

[1] Deussen: Die neuere Philosophie von Descartes bis Schopenhauer, 1. u. 2. Aufl., S. 255.

fühl, welches uns in unserem Innenleben Befehle gibt oder Werturteile über Gut und Böse begründet. Wir sprechen daher mit Recht von Rechts-,,Gefühl", von Gewissens-,,Regungen" im Sinne von Gefühls-,,Regungen" u.dgl. Ob man das sittliche oder Rechts-Gefühl auch Rechts-,,Empfindung" oder Rechts-,,Bewußtsein" nennen mag, ist nur eine Frage der Ausdrucksweise. Jedenfalls liegt nicht das Ergebnis einer verstandesmäßigen Subsumption vor, sondern ein Urerlebnis, wenn auch verstandesmäßige Subsumption manchmal ein solches Urerlebnis herbeiführen kann.

Zweitens: wir erleben in der Regel nicht abstrakte Befehle und Wertungen, sondern konkrete. Das Urerlebnis sagt mir zunächst nur, daß ich jetzt dies Bestimmte tun oder nicht tun soll, billige oder mißbillige. Allgemeine Gesetze oder Begriffe wie gut und böse sind Erzeugnisse einer Abstraktionstätigkeit unseres Denkens, welche das Urerlebnis schon voraussetzt. Erst ein geschulteres Denken vermag das Urerlebnis unmittelbar auf einen verallgemeinert gedachten Tatbestand auszudehnen und so den Schein eines abstrakten Urerlebnisses zu erwecken. Dies Urerlebnis ist zugleich Tatsache und Inhalt eines Sollens, es ist, wie ich mehrfach bemerkt habe, einer jener Angelpunkte des Weltganzen, in denen Sein und Sollen zusammenfallen. Erst nachfolgende Abstraktion unterscheidet das ,,imperativische" Denken, d.h. die Betrachtung des Inhalts des Sollens, von allem übrigen, dem Sein in einem engeren Sinn. Nur vermöge dieser Abstraktion können wir ,,Sollen" und ,,Sein", imperativische und ,,Wirklichkeits"-Wissenschaften trennen, und wir müssen diese Trennung vornehmen, da ohne sie Klarheit unserer Erkenntnis über das Sollen, über Sittlichkeit und Recht, nicht möglich ist.

Aus diesen Erwägungen folgt: Wir gehen im Gebiete des Sollens nicht, wie Kant und die von ihm beeinflußte Ethik und wie für ihr Gebiet die ,,dogmatische" Rechtswissenschaft und Jurisprudenz meint, synthetisch-deduktiv, sondern analytisch-induktiv vor. Eine induktive Ehtik ist in der Geschichte der Philosophie oft entwickelt worden; die Rechtssoziologie und die Freirechtsbewegung haben eine induktive Rechtswissenschaft und Rechtsanwendung zu begründen gesucht. Aber alle derartigen Theorien gehen davon aus, daß die Regeln, die sie ermitteln wollen, heteronom seien. Alles bisherige nichtkantische Denken über Sittlichkeit und Recht war auf heteronomes Sollen gerichtet, alles kantische ging deduktiv von abstrakten Gesetzen aus. Demgegenüber glaube ich gezeigt zu haben: die bisherigen Schwierigkeiten beider Richtungen sind nur zu vermeiden, wenn man von der Autonomie des konkreten Erlebnisses induktiv ausgeht. Der bisherigen induktiven Ethik und der induktiven Methode der Freirechtsbewegung gegenüber behaupte ich: ein heteronomes Sollen gibt es nicht, denn aus dem Sein kann man kein Sollen ableiten; der kantischen autonomen Ethik gegenüber: ein abstraktes Sittengesetz gibt es in unserem autonomen Erleben nicht, wir gehen im Gebiet des Sollens induktiv von konkreten Urerlebnissen aus.

Erst wenn man induktiv von der einfachsten erreichbaren tatsächlichen Grundlage, von dem konkreten autonomen Sollen auszugehen beabsichtigt, wird man gezwungen, das abstrakte Sollen in seine letzten in der Erfahrung gegebenen, nicht mehr weiter zurückführbaren Elemente aufzulösen. Diesen Weg hat zwar für das nichtrechtliche Gebiet die induktive Ethik beschritten, aber sie vermag, wenn sie etwas Allgemeingültiges aussagen will, ohne mit dem Begriff der Autonomie zu arbeiten, nicht zu erklären, warum mich die billigenden und mißbilligenden Gefühle der anderen Menschen zu irgend etwas verpflichten, sie muß bei Beschreibung und kausaler Erklärung stehen bleiben und kann nie zu ihrer Hauptaufgabe gelangen, nämlich die Frage zu beantworten: Was soll ich? Dasselbe muß der induktiven oder soziologischen Rechtswissenschaft entgegengehalten werden; nur ist diese noch weiter von der Lösung ihrer Aufgabe entfernt, weil sie sich immer mit einem heteronomen Gesetzgeber oder heteronomen gewohnheitsrechtlichen Judikaten des gegebenen „positiven" Rechtes auseinandersetzen muß, das sie weder ganz akzeptiert noch — vor allem bezüglich der Kompetenz- und Verfahrensnormen — ganz leugnen kann. Übernimmt man aber Kants Lehre von der Autonomie, so wird das Sollen nicht in seine letzten in der Erfahrung gegebenen Elemente aufgelöst sondern aus einem allgemeinen Sittengesetz deduziert, das in der Erfahrung gar nicht gegeben ist, und überdies bleibt die verpflichtende Kraft des heteronomen positiven Rechtes unerklärt und die Gleichsetzung von Macht und Recht, von Sein und Sollen im Rechts- und Staatsleben mit allen ihren politischen Irrtümern und Mißbräuchen bleibt unwiderlegbar. Die Auflösung alles Sollens in die konkreten „Urerlebnisse“, wie ich diese zu nennen versucht habe, ist daher von grundlegender Bedeutung.

Nimmt man diese Zerlegung des Sollens in seine einfachsten Erfahrungsbestandteile, in die autonomen Urerlebnisse des Sollens vor, so zeigt sich, daß der Inhalt dieser Erlebnisse ganz gleichartig ist, ob wir den Befehl nun dem „Recht“ oder einer „Sittlichkeit“ in einem engeren, das Recht ausschließenden Sinne zuschreiben. Daher habe ich die Einheit von Recht und Sittlichkeit — wenn man unter beiden autonomes Sollen versteht — behaupten müssen. Was den Unterschied zwischen beiden ausmacht, ist die Erscheinung des „positiven“ Rechtes, mit der es der Jurist zu tun hat, nicht aber der Ethiker im bisherigen engeren Sinn. Allein die Positivität ist Tatsächlichkeit, wie ich oben im III. Abschnitt darzulegen versucht habe, und hat mit dem autonomen Sollen unmittelbar nichts zu tun. Geht man auf die Urelemente des Sollens zurück, so hat man es nur mit einer einzigen Art von Erlebnissen des: „Ich soll“ zu tun, daher auch mit einem einheitlichen Wissensgebiet. Aus äußeren Gründen wird man zwischen der Ethik im engeren Sinn und der Rechtswissenschaft auch weiter eine Scheidung aufrechterhalten dürfen, einigermaßen ähnlich etwa der Trennung, die man zwischen theoretischen und praktisch angewandten Naturwissenschaften macht, nicht, weil es zwei prinzipiell verschiedene naturwissenschaftliche Methoden gäbe, sondern nur aus Zweckmäßigkeitsrücksichten, die im Verhältnis zur Methode „äußere“ sind. Aber der Unterschied zwischen den beiden Wissenschaften vom Sollen liegt dann nur in den T a t s a c h e n, auf die das Sollen angewendet wird, nicht im Wesen des Sollens noch in der Methode, in der das Sollen von der Wissenschaft behandelt wird.

Daher gibt es nur eine einzige Frage nach der Allgemeingültigkeit des Sollens und nicht zwei verschiedene Fragen nach der Allgemeingültigkeit des Sittengesetzes und nach jener des autonomen Rechtes.

Die Frage lautet: kann trotz der gegebenen Verschiedenheit der subjektiven autonomen Erlebnisse des Sollens etwas absolut Allgemeingültiges über den Inhalt des Sollens behauptet werden?

Gemeint ist demnach hier nicht dasjenige, was ich früher die relative Allgemeingültigkeit eines Werturteils genannt habe, nämlich die Tatsache, daß viele Menschen, z.B. die Mehrheit in einem gegebenen Staat zu einem gegebenen Zeitpunkt, in einem Werturteil übereinstimmen. Diese Tatsache ist als solche zwar ebenso allgemeingültig, d.h. allen gegeben, wie irgend eine andere Tatsache, aber es gibt neben diesen Werturteilen auch solche anderen, vielleicht gerade entgegengesetzten Inhalts, die auch Anhänger haben und uns gleichfalls als Tatsache gegeben sind, z.B. die Werturteile der Minderheit in jenem Staat. Die Frage ist vielmehr, ob sich über den Inhalt alles Sollens ohne Ausnahme etwas aussagen läßt, was jeder ohne Ausnahme anerkennen muß. Wir suchen also „absolut allgemeingültige" oder „notwendige" Sätze über den Inhalt des Sollens.

Im folgenden soll unter Allgemeingültigkeit die absolute Allgemeingültigkeit verstanden werden.

Das Verfahren, welches unser Denken einschlägt, um von konkreten Gegebenheiten zu wenigstens relativ allgemeinen Sätzen emporzusteigen, ist das der Induktion. Es kann nie zur Erkenntnis absoluter Gewißheit, wohl aber zur Erkenntnis von Wahrscheinlichkeit und unter Umständen zu immer weiterer Steigerung der Wahrscheinlichkeit bis nahe an die Gewißheit, bis zu sogenannter „praktischer Gewißheit" führen.

Dieses Induktionsverfahren vollzieht sich in uns nach unausweichlichen psychologischen Gesetzen. Wir knüpfen es nicht etwa nur an eine Vielzahl von Erlebnissen, sondern oft an ein einziges. Das gebrannte Kind fürchtet das Feuer bekanntlich schon nach einer einzigen Erfahrung, die es gemacht hat. Aus einer einzigen Kostprobe eines Lebensmittels pflegen wir in der Regel ohne weiteres zu schließen, daß alle Bissen derselben Gattung ebenso schmecken würden u.dgl. Ob und wie weit solche Induktionsschlüsse erkenntnistheoretisch-logisch berechtigt sind, ist zunächst noch nicht zu erörtern. Jedenfalls sind sie eine gegebene unleugbare psychologische — und als Massenerscheinung soziologische — Realität.

Ich behaupte nun folgendes: Die ungeheure Mehrzahl der Menschen schließt bei der ungeheuren Mehrzahl ihrer Erlebnisse des Sollens vom Einzelnen auf das Allgemeine. Dieser Prozeß vollzieht sich in der Regel ebenso, schon auf Grund eines einzigen Erlebnisses, wie wir — in den früheren Beispielen — aus einer einzigen Berührung mit dem Feuer auf die verbrennende Wirkung jedes Feuers oder aus einer einzigen Kostprobe auf den gleichen Geschmack jedes Bissens gleicher Art schließen. Mit anderen Worten: Das Urerlebnis des Sollens, auch das vereinzelte, ist in der Regel mit der Vorstellung verbunden, daß jeder in der gleichen Lage ein inhaltlich gleiches Sollen erleben würde. Dies und nicht ein „Bewußtsein einer Bestimmung des Willens unmittelbar durchs Gesetz" ist, so behaupte ich, der in der Erfahrung gegründete wahre Kern des Gedankens Kants, daß der Mensch im Bereiche der Autonomie „nur seiner eigenen und dennoch allgemeinen Gesetzgebung unterworfen sei". Die „eigene Gesetzgebung" ist also kein a priori feststehendes für alle Menschen gleich verbindliches Sittengesetz sondern das Ergebnis eines, wenn auch im Unterbewußtsein oder unklar sich vollziehenden Induktionsschlusses von der eigenen Person auf die anderen. Vermöge dieses Schlusses betrachtet der naive Mensch dasjenige, was er subjektiv für gut oder böse hält, kritiklos als objektiv, d. h. für alle, gut und böse, so wie er auf noch primitiveren Stufen das, was ihm wohl schmeckt, für objektiv wohlschmeckend hält.

Erst kritische Besinnung lehrt eine Minderzahl der Menschen, daß der Inhalt des Sollens unter Umständen für verschiedene Menschen bei gleichem Tatbestand ein verschiedener ist. Eine solche Erkenntnis ist geeignet, zunächst zur ethischen Skepsis, zur Leugnung allgemeingültiger Werturteile und zur Gleichsetzung des „Sollens" mit beliebigem „Wollen" des Individuums zu führen. Für das Zusammenleben der Menschen im Staate bedeutet dies Gleichsetzung von Recht und Macht, und damit zunächst Anbetung der Gewalt des jeweiligen Machthabers, bei rücksichtsloser logischer Folgerichtigkeit aber schließlich den schrankenlosen Egoismus und Anarchismus von Stirners: Der Einzige und sein Eigentum. Es ist ein Glück für die Menschheit, daß die große Mehrzahl der Menschen, die über den naiven Glauben an die Objektivität ihrer eigenen Werturteile hinauskommen, nicht imstande sind, in ihrer Folgerichtigkeit so weit zu gehen. Die meisten begnügen sich damit, die jeweilige Macht anzubeten und deren Befehle gläubig als heteronomes Sollen hinzunehmen.

Allein es gibt doch einen Weg, der uns hindurchführt zwischen der Scylla der Anbetung auch der scheußlichsten Gewaltherrschaft und der Charybdis des absolut rücksichtslosen Egoismus und Anarchismus. Die Menschheit sucht seit Jahrtausenden diesen Weg. Aber wenn man sich nicht bei religiösen Dogmen beruhigen will, die Andersgläubigen als unwahr gelten, wenn man Allgemeingültiges finden will, das alle anerkennen müssen, so kann man diesen Weg nicht finden, so lange man nicht alles Sollen in seine letzten Urelemente zerlegt hat, ganz besonders nicht, so lange man an ein apriorisch erkennbares allgemeinverbindliches Sittengesetz oder an die verpflichtende Kraft heteronomen Gewaltrechtes glaubt.

Welches ist dieser Weg? Er kann nur darin bestehen, daß die erkenntnistheoretisch-logische Berechtigung jenes Schlusses vom individuellen autonomen Sollen des Einzelnen auf ein allgemeines Sollen geprüft wird.

Zunächst ist die Skepsis gegen den Induktionsschluß berechtigt. Wenn ich in der Erfahrung noch so oft, selbst millionenmal, feststelle, daß das Objekt der Gattung A die Eigenschaft B hat oder daß die Ursache der Gattung C die Wirkung D hat, so ist dies bekanntlich noch kein zwingender Beweis dafür, daß es nicht irgendwo und irgendwann ein A oder ein C gibt, bei dem sich dies anders verhält. Trotzdem ist es ebenso gewiß, daß wir unausgesetzt auf den verschiedensten Gebieten solche Induktionsschlüsse machen und daß sie sich in der Praxis weit überwiegend bewähren. Ja, fast all unser Erkennen, fast alle unsere geistigen Errungenschaften beruhen auf solchen Induktionsschlüssen, also auf Verallgemeinerungen, welche im strengen Sinn „unzulässig" sind. Wissen wir doch seit Hume, daß die praktische Anwendung des Kausalgesetzes stets auf einer solchen „unzulässigen" Verallgemeinerung beruht.

Ich behaupte nun: An dieser Unzulässigkeit der Verallgemeinerung der Kausalverknüpfung ändert sich gar nichts, wenn man mit Kant die Kausalität als Kategorie betrachtet. Denn es bleibt die Frage offen, auf welche Tatbestände die Kausalverknüpfung angewendet wird und auf welche nicht. Wir sind also doch genötigt, anzunehmen, daß hinter dem für unsere Logik nicht streng beweisbaren Kausalgesetz eine Realität steht, welche uns von Kindheit an, ja auch Tiere, zwingt, dort, wo sie vorhanden ist und von uns erkannt wird, mit der durch sie bedingten Kausalverknüpfung wie mit etwas absolut Sicheren zu rechnen und welche bewirkt, daß die von uns angenommene Kausalverknüpfung sich auch in de

Regel, abgesehen von einem gewissen Prozentsatz des individuellen Irrtums, im realen Leben bewährt.

Ich spreche hiebei ganz allgemein von „Realität". Man könnte geneigt sein, den Ausdruck „Kraft" zu setzen. Doch würde es zu weit führen, wenn wir hier die Probleme diskutieren wollten, welche mit diesem Ausdruck aufgerollt werden.

Diese Realität ist die Voraussetzung aller unserer Induktionsschlüsse. Wäre sie nicht vorhanden, so wäre alles Chaos und Zufall, jedes Denken, ja selbst die einfachsten Verrichtungen des täglichen Lebens wären zwecklos, wir selbst wären der absolut ohnmächtige Spielball eines völlig zusammenhanglosen Geschehens. Nur jene Realität macht es uns möglich, in gewissem Rahmen das Geschehen zu beherrschen, indem wir durch eigene Handlungen etwas bewirken. So oft die Natur uns gehorcht, von den alltäglichen Verrichtungen angefangen bis zu den großartigsten Errungenschaften der Technik, hat sich unsere Annahme, daß es eine solche reale Ordnung der Welt gibt, bestätigt. Daher ist jeder gezwungen, so zu handeln, daß er eine nicht nur in seinem Denken, sondern auch außerhalb desselben, „transzendent" in der Welt existierende Ordnung voraussetzt, die sich im Kausalgesetz verwirklicht. Unsere Induktionsschlüsse aus einem konkreten Erlebnis bedeuten demnach einen Vorgang, mittelst dessen wir das allgemeine „Gesetz", die reale transzendente Ordnung suchen, deren Anwendungsfall der konkrete Fall ist. Das Kind, welches jedes Feuer fürchtet, nachdem es sich ein einzigesmal verbrannt hat, denkt nicht an die Summe aller Feuer, die je in Vergangenheit, Gegenwart und Zukunft existieren, sondern es schwebt ihm, wenn auch unklar, die Überzeugung vor, daß eine reale Ordnung des Geschehens es unausweichlich macht, daß jedes beliebige Feuer brennt.

Vom Standpunkt des kritischen Denkens aus ist man geneigt zu sagen: das erkenntnistheoretisch-logische Recht des Induktionsverfahrens beruht darauf, daß jene reale transzendente Ordnung der Kausalität ein unabweisliches „Postulat" unseres Strebens nach Erkenntnis ist. Ich glaube jedoch, es liegt mehr als ein Postulat vor, nämlich eine Grundlage zur Annahme einer unendlich großen Wahrscheinlichkeit. Diese Wahrscheinlichkeit sind wir gezwungen für praktische Zwecke, z. B. auch bei der Beurteilung des Tatbestandes bei Beantwortung der Frage: „Was soll ich ?", als

„praktische Gewißheit“ zu setzen, um nicht absoluter Skepsis und absoluter Passivität zu verfallen.

Doch es würde zu weit führen, hier auf Erkenntnistheorie und auf das Kausalitätsproblem näher einzugehen.

Ich behaupte nun: Das Analoge wie in dem Gebiet des kausalen Geschehens gilt auch im Gebiet des Sollens. Unsere Induktionsschlüsse suchen ein allgemeines „Gesetz“ — nicht im Sinne Kants und der nachkantischen Ethik, sondern im Sinne jener realen Ordnung, deren konkrete Anwendung mein Sollen ebenso wie das Sollen jedes anderen ist, also jener realen Ordnung, welche in vielen Fällen bewirkt, daß das Sollen verschiedener Menschen bei gleichem Tatbestand inhaltlich gleich ist.

Wenn wir die Eigenschaft des Menschen, auf bestimmte Tatbestände mit bestimmten Erlebnissen des Sollens zu reagieren, seinen Charakter nennen, so können wir sagen: Wir suchen das Gesetz, welches den Charakter des Menschen und damit auch den Charakter der Völker und der ganzen Menschheit beherrscht.

Der naive Mensch nimmt bei seinen Werturteilen entweder an, daß jeder den gleichen Charakter habe wie er selbst, oder er beurteilt doch das sittliche Verhalten des anderen so, als ob es dem gleichen Charakter entspränge. Für den ethischen Skeptiker ist die Frage nach dem Charakter des Menschen in diesem Sinn gegenstandslos. Jeder dagegen, der weder zu der einen noch zu der anderen Kategorie gerechnet werden will, muß sich fragen, ob es ein Gesetz gibt, welchem die inhaltlich so verschiedenen konkreten Erlebnisse des Sollens der Menschen gehorchen.

Die Frage nach diesem Gesetz habe ich bereits in meiner Rektoratsrede aufgeworfen. Im letzten Abschnitt meines Buches: Der Wandel der Ideen Staat und Volk als Äußerung des Weltgewissens und in den letzten Abschnitten meines Buches: La Démocratie habe ich versucht, einiges über dieses Gesetz zu sagen. Alles dort Ausgeführte hier zu wiederholen und auf andere Fragenkomplexe als die dort behandelten auszudehnen, würde viel Raum beanspruchen und den Rahmen der vorliegenden Arbeit, die ja nur die erweiterte Auflage einer kurzen Rede sein soll, gänzlich sprengen. Noch einmal muß ich daher die Verzeihung des Lesers erbitten, wenn ich auf die beiden genannten Werke verweise und die weitere Ausführung einer späteren Arbeit vorbehalte. Es handelt sich nach den beiden genannten Werken kurz gesagt um folgendes: Wir müssen hypothetisch, aber mit großer Wahrscheinlichkeit ein Gesetz annehmen, welches das Sollen, den Charakter der Menschen beherrscht. Es geht dahin, daß die Anwendung von Gewalt von Mensch gegen Mensch im Laufe der Geschichte allmählich — wenn auch mit Rückschlägen — zurückgedrängt und insbesondere im innerstaatlichen und zwischenstaatlichen Leben der Gehorsam aus Furcht durch den Gehorsam aus Kollektivbewußtsein und Pflichtgefühl ersetzt wird. Vielleicht ist dieses Gesetz nur die Teilanwendung eines noch allgemeineren. Doch die Ausführung dieses Gedankens kann noch weniger an dieser Stelle versucht werden.

Wie immer man den Inhalt des gesuchten Gesetzes fassen mag, jedenfalls sind wir wieder an einem der Angelpunkte des Weltgeschehens angelangt, in denen Sein und Sollen zusammenfallen. So wie im individuellen Urerlebnis des autonomen Sollens Sein und Sollen eins sind, so sind sie es auch in jenem Produkt unserer Induktionsschlüsse, unserer Verallgemeinerung, das wir das abstrakte Gesetz des Sollens nennen können. Ob man sich nun unter diesem Gesetz einen personifizierten Gesetzgeber, eine Gottheit mit menschenähnlichem Bewußtsein vorstellt, bei der dann Sollen und Wollen, Autonomie und Heteronomie letztlich zusammenfiele, oder ob man andere metaphysische Annahmen zugrundelegt, ist für die hier gestellte Frage gleichgültig. Wie immer man sich dieses letzte, oberste, allgemeinste Gesetz des Sollens vorstellen mag, jedenfalls muß es zugleich eine die Welt beherrschende Pflicht und eine in der Welt sich tatsächlich bewährende Ordnung sein, es ist notwendigerweise, zugleich ein Sollen und ein Sein in jenem engeren Sinne, in welchem Sein und Sollen Gegensätze sind.

Dies ist die Konsequenz, die unser Denken durch die Gesetze der Logik aus dem factum unserer Erlebnisse des Sollens zu ziehen gezwungen wird, wenn wir uns weder mit absoluter Skepsis, Passivität und Anarchie noch mit unklarer, unserem Denken nicht standhaltender Vermengung von Sein und Sollen zufrieden geben.

Das Gesetz muß erstens ein Sollen sein. Denn meine Induktion schließt aus dem Erlebnis: „Ich soll“ nicht: „Jeder m u ß“, sondern: „Jeder s o l l“. Kausalgesetzliche Verallgemeinerungen im Gebiet des Seins, z. B. jene der materialistischen Geschichtsauffassung oder der kausalwissenschaftlichen Rassenkunde können ohne einen logisch unzulässigen und daher allerhand politischen Mißbrauch ermöglichenden Sprung aus dem Sein ins Sollen weder aus den Forderungen des Gewissens und Rechtsgefühls erschlossen werden, noch können sie je zu einem Sollen, zu ethischen oder rechtlichen „Pflichten", zu einem moralischen Gesetz führen. Denn aus dem Sollen folgt kein Sein und aus dem Sein kein Sollen. Daher kann weder die materialistische Geschichtsauffassung noch die kausalwissenschaftliche Rassenkunde eine imperativische Ethik und Rechtswissenschaft begründen, sie können nie sittliche oder rechtliche Forderungen rechtfertigen.

Jenes allgemeine Gesetz des Sollens, das wir in unseren Induktionsschlüssen, in unserer Verallgemeinerung suchen, muß aber zweitens zugleich eine reale Ordnung der existierenden, der seienden Welt sein. Sonst wäre das individuelle Sollens-Erlebnis des Einzelnen nicht die konkrete Anwendung der abstrakten Weltordnung, in meinem persönlichen Erlebnis des Ich soll würde sich nicht ein allgemeines Ganzes bewähren wie sich das Kausalgesetz in unseren Erlebnissen von konkreter Verursachung bewährt, sondern die Erlebnisse des Sollens stünden isoliert und chaotisch nebeneinander und die Induktion wäre unberechtigt, ein Gaukelspiel, das uns die Natur vortäuschte. Der Determinist wird dieses Sich-Bewähren des allgemeinen Weltgesetzes im konkreten Erlebnis des Sollens Kausalität nennen, der Indeterminist wird in der jedesmaligen Entscheidung des Ich zwischen der Befolgung des selbsterlebten Imperativs: „Ich soll" und den entgegenwirkenden Motiven einen ursachlosen Anfang einer neuen Kausalreihe sehen. Aber beide müssen, wenn sie dem Chaos, der absoluten ethischen Skepsis und der Konsequenz der Anarchie entgehen wollen — und dazu zwingt sie unser Trieb zu jener Induktion — in dem individuellen Erlebnis des Sollens eine allgemeine reale transzendente Weltordnung sehen. So mündet z.B. der christliche Glaube an den Indeterminismus, wie er etwa der Ethik des Katholizismus und anderer christlicher Bekenntnisse zugrundeliegt, in den Glauben an eine von Gott gewollte real wirkende sittliche Weltordnung ganz bestimmten materialen Inhaltes. Jede andere Religion, jede andere Philosophie muß nach einer solchen sittlichen Weltordnung, wenn auch anderen Inhalts, suchen, wenn sie nicht von der unerbittlichen Konsequenz der Logik der ethischen Skepsis und der

Anarchie zugetrieben werden und jenen unseren Trieb zur ethischen Induktion als eine Lüge der Natur hinstellen will.

Unser Ergebnis ist: So wie wir zwar niemals mit absoluter Sicherheit, aber unausweichlich mit einer äußerst hohen Wahrscheinlichkeit die transzendente Geltung einer kausalen Weltordnung annehmen müssen, so müssen wir auch die transzendente Geltung einer sittlichen Weltordnung annehmen.

Dennoch gibt es einen großen Unterschied zwischen den beiden Induktionsreihen, die zu den beiden Weltgesetzen führen. Er liegt in dem Grade der Wahrscheinlichkeit, mit der wir einen bestimmten Inhalt der Weltordnung annehmen.

Das Kausalgesetz bewährt sich Millionen und Abermillionen Menschen beinahe in jeder Sekunde ihres Lebens. Wollte es jemand völlig leugnen, so könnten wir ihn nur als wahnsinnig betrachten, jedenfalls stünde er außerhalb jeder Gemeinschaft des Denkens, jede Verständigung mit ihm wäre praktisch unmöglich. Dies gilt, trotzdem über die Verursachung eines konkreten Vorganges die Menschen sehr oft verschiedener Meinung sind. Ich habe daher oben gesagt, das Kausalgesetz gilt mit „praktischer Gewißheit".

Die sittliche Weltordnung bewährt sich zwar auch im Leben von Abermillionen in ungezählten konkreten Fällen, aber doch verhältnismäßig sehr viel weniger häufig als das Kausalgesetz. Die Zahl der Fälle, in denen wir ein Sollen erleben, ist ein verschwindender Bruchteil der Zahl der Fälle, in denen wir unser ganzes Leben lang Stunde für Stunde in unserem Denken und Handeln von der Kausalitätsverknüpfung Gebrauch machen. Innerhalb aller Erlebnisse des Sollens sind die individuellen Verschiedenheiten unvergleichlich größer als innerhalb der Meinungen über Kausalverknüpfungen. Über die meisten ethischen und rechtlichen Fragen denken die Menschen, Völker und Zeiten ganz verschieden; eine Einigkeit, wie sie über ungezählte kausale Vorgänge besteht, gibt es im Gebiet des Sollens, wenn überhaupt, nur bezüglich ganz weniger Fragen, wahrscheinlich bezüglich keiner einzigen. Auch gibt es anscheinend Menschen ohne die Fähigkeit, ein Sollen zu erleben. Wir nennen sie z.B. „gewissenlose" oder „skrupellose" Menschen, „absolute Egoisten" u.dgl. Mögen jene, die wirklich gar kein Sollen erleben, vielleicht sehr selten sein, als Wahnsinnige betrachten wir sie keinesfalls, eine intellektuelle Verständigung mit ihnen ist durchaus möglich, und der konsequenteste Vertreter ihrer Art, die Welt zu sehen, Max Stirner, genießt das Ansehen eines bedeutenden Denkers. Ja eine weniger konsequente ethische Skepsis ist ungeheuer verbreitet. Sie zeigt sich z.B. bei Hume, in der positivistischen Philosophie seit Augute Comte, im Marxismus, bei vielen Vertretern der organischen Staatslehre und der Rassentheorie, aber auch bei den meisten jener Politiker verschiedenster Richtung, welche sich darauf berufen, daß sie eine allen Phantastereien abgekehrte „Realpolitik" betreiben, womit sie in der Regel meinen, daß sie eine allem Sollen, aller Anerkennung von sittlichen Pflichten abgekehrte Politik des Egoismus ihrer Partei, ihrer Interessengruppe, ihrer Klasse, ihres Staates oder ihres Volkes gegen andere Gruppen betreiben.

Die sittliche Weltordnung ist uns also nicht ganz so selbstverständlich wie die kausale. Ja, der bedeutendste und originellste Ethiker, den die Geschichte kennt, Kant, hat an der Beweisbarkeit der sittlichen Weltordnung so sehr verzweifelt, daß er sie nur als ein völlig inhaltsleeres formales Denkgesetz dartun will.

Dennoch sind wir durch unseren Trieb zur Induktion genötigt, in unserem Sollen etwas zu sehen, das über unser eigenes Innenerlebnis hinausweist. Wir unterscheiden ganz deutlich: Ich will und: Ich soll, und wenn wir uns prüfen und fragen, worin der Unterschied besteht, so ist nach meiner Behauptung die Antwort: Ich soll eben nicht alles, was ich gerade will, sondern nur dasjenige, was, wenn ich nachdenke, meines Dafürhaltens auch ein beliebiger anderer an meiner Stelle zu tun verpflichtet wäre.

Die Wissenschaft darf zwar nicht, wie vielfach der naive Mensch, das persönliche Sollen des Einzelnen kritiklos für ein allgemeinverbindliches Gesetz hinnehmen; sie darf aber auch nicht, wie es im allgemeinen die ethische Skepsis, der Materialismus und der philosophische Positivismus tun, jenen Unterschied zwischen dem Ich will und dem Ich soll übersehen und die von den Menschen immer wieder aufgeworfene Frage: Was soll ich? unbeantwortet lassen oder mit kausalen Erklärungen falsch beantworten.

Was kann die Wissenschaft aber über das Sollen aussagen?

Wenn sie allgemeingültig sein will, muß sie voraussetzungslos in dem Sinne sein, daß sie nicht Dogmen, an die der eine glaubt, die der andere aber ablehnt, als erwiesene Wahrheiten hinnimmt.

Auf Tatsachen aber darf sie sich stützen. Solche Tatsachen sind uns gegeben. Das Sollen, das ein Individuum erlebt, ist zugleich auch eine Tatsache. Von Bedeutung sind die Werturteile hauptsächlich, soweit sie in sehr großer Zahl auftreten: Werturteile oder Erlebnisse des Sollens als Massenerscheinungen.

Die Werturteile oder Erlebnisse des Sollens als Massenerscheinungen müssen unter einem doppelten Gesichtspunkt betrachtet werden: erstens als gleichzeitige Erscheinungen, zweitens in ihrem zeitlichen Nacheinander.

Die gleichzeitige Übereinstimmung der Werturteile einer großen Zahl von Menschen bezüglich gleicher tatsächlicher Voraussetzungen kann man — je nach der Häufigkeit dieser Werturteile im Verhältnis zu Urteilen anderen Inhalts — die „relative" Allgemeingültigkeit des Werturteils nennen. Sie ist grundsätzlich etwas anderes als die absolute Allgemeingültigkeit, die keine Ausnahmen zuläßt. Aber der praktische Staatsmann und der Soziologe, die im allgemeinen beide nur mit Typen und nicht mit ausnahmslosen Erscheinungen des gesellschaftlichen Lebens arbeiten, können und müssen sich mit der relativen Allgemeingültigkeit begnügen, da die absolute unerreichbar ist. Viele Regeln guter Gesetze, z.B. eines solchen über bürgerliches Recht, entsprechen einem relativ allgemein vorhandenen Rechtsgefühl. Relativ allgemein sind unter normalen und ruhigen Verhältnissen im Staate Patriotismus oder Staatsgefühl, im Volk im natürlichen Sinn Volksgefühl oder Nationalgefühl verbreitet. Das positive Recht, die heteronomen Befehle der Machthaber im Staate, werden, zum Unterschied von den Regeln in einer Räuberbande, zum großen Teil vom Staatsgefühl, im national einheitlichen Staat auch vom Nationalgefühl getragen. So kann man für viele Fragen, in denen die Zahl der Übereinstimmenden im Verhältnis zur Zahl der Andersdenkenden sehr groß ist, von einem Gewissen und Rechtsgefühl des Volkes — entweder des Staatsvolkes oder des Volkes im natürlichen Sinn — sprechen. In weniger zahlreichen Fragen, aber im ausgedehnteren Geltungskreise, kann über einzelne Staaten und Völker hinaus eine Übereinstimmung des Gewissens und Rechtsgefühls der Menschen festgestellt und so von einem Weltgewissen und Welt-Rechtsgefühl gesprochen werden.

Alle diese Fragenkomplexe habe ich im dritten Teil meiner mehrfach zitierten Arbeit: Der Wandel der Ideen, Staat und Volk als Äußerung des Weltgewissens näher untersucht und ich muß hier nochmals auf das dort Gesagte verweisen.

Kann man nun aus der relativen Verbreitung eines Werturteils auf dessen Allgemeinverbindlichkeit, auf dessen absolute Richtigkeit schließen? Mit anderen Worten: ist ein Werturteil darum absolut richtig, weil es die Mehrheit, oder doch eine ganz besonders große Mehrheit, ja in einem gegebenen Kreis vielleicht die Einstimmigkeit für sich hat, und hat die Minderheit darum absolut Unrecht, weil sie die Minderheit ist?

So gestellt muß die Frage verneint werden. Wenn eine noch so große Mehrheit in einem Kreise noch so fest überzeugt ist, die Sonne bewege sich um die Erde, so bildet dies noch keinen Beweis. Ebenso unzuverlässig ist die Überzeugung der Menschen, daß ihre übereinstimmenden sittlichen Werturteile absolut richtig, also allgemein verbindlich seien. Mit der Frage über den Wert oder Unwert der Demokratie hat dies nichts zu tun, wie ich in meinem Buche: La Démocratie[1] ausgeführt habe.

Dennoch ist die Verbreitung und die relative Allgemeingültigkeit der Werturteile nicht bedeutungslos. Man muß nur den Blick über den einzelnen Zeitpunkt hinaus auf das zeitliche Nacheinander im Weltprozeß, in der Weltgeschichte, richten. Man muß also an die Stelle der statischen eine dynamische Betrachtung setzen und das Sich-Gleich-Bleiben und den Wandel der Werturteile untersuchen.

Auch diese Frage habe ich in den letzten Abschnitten meiner beiden eben zitierten Arbeiten behandelt. Ich muß mich hier abermals damit begnügen, mich auf das dort Gesagte zu berufen, und etwa noch auf die Stellungnahme der Kritik[2] verweisen. Verschiedene Sätze des Sollens, sittlich-rechtliche Forderungen, gewinnen im Laufe der Geschichte eine immer größere relative Allgemeingültigkeit. Sie bedeuten die Zurückdrängung der Gewalt von Mensch gegen Mensch. Daher können wir mit Wahrscheinlichkeit, wenn auch nicht mit Gewißheit, einen Sinn der Entwicklung dahin feststellen, daß die Gewaltanwendung unter den Menschen allmählich, wenn

---

[1] S. 172ff., insbesondere 179, 180, mit 15ff.

[2] Insbesondere auf Schücking: Die Friedenswarte, XXXIII. Jahrg. 1933, Heft 10, S. 261 ferner auf den Leitartikel: Das Weltgewissen von G. P. in der Deutschen Zeitung Bohemia, Prag, Nr. 277, vom 26. November 1933.

auch mit Rückschlägen, immer mehr durch das sittlich-rechtliche Handeln verdrängt wird.

Wenn diese meine Beobachtung richtig sein sollte, ergäbe sie die Bestätigung der Lehre von der Autonomie des Rechts von einer neuen Seite. Vom Boden der Heteronomie des Rechts aus sind Recht und Staatsverfassung ein Ergebnis der Macht und Willkür des Gesetzgebers und daher zufällig, es sei denn, daß man einen deus ex machina in Gestalt eines göttlichen oder natürlichen Rechts einführt, an den Andersdenkende nicht glauben, oder daß man sich mit einer materialistischen Erklärung des Weltgeschehens begnügt, die folgerichtig zu schrankenlosem Egoismus und Anarchismus, zum „Recht des Stärkeren", d.h. zur Leugnung jedes Rechts, führen muß. Die Lehre von der Autonomie des Rechts gestattet uns, die ganze Rechts- und Verfassungsgeschichte aller Völker und Staaten und damit die Weltgeschichte unter einem neuen Gesichtspunkt zu verstehen: als das Erwachen und Erstarken des Gewissens und Rechtsgefühls der Menschheit. Das Endziel wäre dann das absolut allgemeingültige autonome Recht, das „richtige" Recht, das Idealrecht.

Heute kennen wir dieses Idealrecht nicht. Aber das Idealrecht verwirklicht sich, wenn wir jenen Entwicklungsprozeß voraussetzen, allmählich in immer steigendem Maß in denjenigen sittlich-rechtlichen Forderungen, die sich durch Jahrhunderte bewähren und an relativer Allgemeingültigkeit, wenn auch mit Rückschlägen, zunehmen. Es ist nicht ein „Naturrecht mit wechselndem Inhalt", sondern es ist das Erwachende, das Dauernde und das Wachsende im Wechsel der Völker und der Zeiten.

V. Volksrecht gegen Juristenrecht.

Nach der bisherigen Vorstellung vom Recht hat der eine zu befehlen und der andere zu gehorchen, das Recht ist „heteronom". Zu befehlen haben die Gesetzgeber und die Behörden im weitesten Sinn. Alle, soweit sie nicht als Gesetzgeber oder Behörden tätig sind, kurz gesagt, die große Masse des „Volkes" hat zu gehorchen.

Dennoch ist die Vorstellung schon uralt, daß die letzte Quelle des Rechts im Denken und Fühlen des Volkes, der Gehorchenden, zu suchen sei. Seitdem die griechischen Denker die Unterscheidung zwischen dem „natürlich Gerechten" und dem „kraft Gesetzes Gerechten" zur Grundlage ihrer Betrachtung des Rechts gemacht haben, ist immer wieder behauptet worden, daß die Befehle der Gesetzgeber und Behörden nicht immer dem Rechtsempfinden des Volkes entsprechen, und man schloß vielfach daraus, daß es zweierlei „Recht" geben müsse, eines, das von Gesetzgebern und Behörden geschaffen sei, und eines, das unmittelbar aus der Natur des Menschen hervorgehe. So hat man meist ein „Naturrecht" dem „positiven Recht" gegenübergestellt.

Auch dieses Naturrecht stellte und stellt man sich heteronom vor. Daher mußte und muß man nach einer besonderen Quelle dieses Rechtes suchen. Entweder es wird unmittelbar aus den Befehlen einer Gottheit, aus religiösen Dogmen, abgeleitet; oder man begnügt sich damit, das Naturrecht als einen notwendigen Teil der Weltordnung vorauszusetzen und sucht es bald deduktiv durch apriorische Vernunftspekulation, bald induktiv aus biologischen und soziologischen Naturgesetzen zu erschließen.

Es ergibt sich so die Vorstellung von zwei heteronomen Rechtsordnungen neben- oder über- und untereinander.

Nach allem bisher Ausgeführten bedarf es keiner näheren Stellungnahme zu den einzelnen Naturrechtslehren. Wenn ich die verbindliche Kraft einer heteronomen Rechtsordnung leugne, so leugne ich auch diejenige zweier.

Den Glauben an das Naturrecht hat die historische Rechtsschule aus der Wissenschaft und Praxis des Rechts verdrängt. Man erkannte, daß alles tatsächlich gehandhabte positive Recht geschichtlich bedingt ist. So setzte man an die Stelle eines allgemein-menschlichen Naturrechtes einen besonderen „Volksgeist" jedes Volkes. Aber was ist der „Volksgeist", wenn alles Recht heteronom ist? Wer befiehlt? Die historische Schule hat sich gar nicht bemüht, dieser Frage auf den Grund zu gehen. Der Volksgeist befiehlt eben ganz einfach in den Formen des positiven Gewohnheits- und des Gesetzesrechts. Daß man dann folgerichtig einen besonderen Volksgeist von Schwarzburg-Sondershausen oder Reuß jüngere Linie annehmen müßte, störte die historische Schule ebensowenig wie etwa die Erwägung, daß in der absoluten Monarchie der Monarch der alleinige Erzeuger des Volksgeistes wäre.

Wenn der Volksgeist sich nur im positiven Recht äußert, gibt es nur eine einzige, durch ihre eigene Kraft verbindliche heteronome Rechtsordnung, das „positive“ Recht, und nicht zwei. So führt die historische Schule notwendig zum juristischen Positivismus. Sobald der Volksgeist aber nicht unmittelbar Recht erzeugen kann sondern nur durch Gesetzgeber und Behörden, wird er dem Juristen gleichgültig. „Rechtlich relevante“ oder „rechtsverbindliche“ Befehle sind nur jene der Gesetzgeber und Behörden. Der Gesetzgeber ist allmächtig und souverän. Da auch der Staat als allmächtig und souverän vorgestellt wird, niemand aber daran denkt, zwei allmächtige und souveräne Gebilde nebeneinander anzunehmen, müssen Recht und Staat und damit Recht und Macht identifiziert werden. Gegenüber der Allmacht des Gesetzgebers sind die Behörden Subsumptionsautomaten. Um das Rechtsgefühl der Gehorchenden, des „Volkes“, auch um das eigene Rechtsgefühl, haben sie sich nicht zu kümmern. Was von den Behörden verlangt wird, ist also: Rechtskenntnis, Logik, Kadavergehorsam. Nicht Aufgabe der Behörden ist eine Feststellung und unmittelbare Anwendung der Forderungen des „Volksgeistes“, des Volksempfindens, es sei denn, daß ausnahmsweise der Gesetzgeber eine Vollmacht zu einem „Ermessen“ gegeben hat, welches ein solches Vorgehen gestattet.

Ein Volksrecht, das unabhängig von der Allmacht des Gesetzgebers bestünde, gibt es demnach für den juristischen Positivismus nicht.

Dem juristisch nicht Gebildeten ist jedoch ein solcher Kadavergehorsam und eine derartige Vergöttlichung des staatlichen Gesetzgebers unverständlich. Im allgemeinen glaubt der Laie, wenn auch unklar, an ein natürlich Gerechtes, an ein Naturrecht, und kann es nicht verstehen, daß die Gesetzgeber und in deren Auftrag die Behörden wirklich alles Beliebige sollen befehlen dürfen. Dazu kommt, daß das gehorchende Organ zu dem absoluten Gehorsam gegen beliebige, nicht im eigenen Rechtsgefühl wurzelnde Befehle des positiven Rechtes auch einer genauen verstandesmäßigen Kenntnis dieser Befehle bedarf. Daher braucht der Staat ein Rückgrat von juristisch gebildeten Funktionären. Zwar hat er auch viele Organe ohne solche Vorbildung und gerade die höchsten werden in der Regel unter anderen Gesichtspunkten als dem der Vorstudien berufen. Aber auch die nicht juristisch gebildeten Organe, auf welcher Stufe der Hierarchie immer sie stehen, müssen sich dem positivistischen Geist, der die ganze Staatsmaschine beherrscht, absolut unterordnen. Sie werden daher von Juristen beraten, unterwiesen oder befehligt. Die entscheidenden Entwürfe der wichtigeren Gesetze, Staatsverträge, Verordnungen, Urteile und Verfügungen aller Art stammen in der Regel aus der Feder juristischer Referenten, auch wo Laien die letzte Entscheidung haben. Haben Laien ganz selbständig vorzugehen, so sind sie überwiegend noch viel buchstabengetreuer als die Juristen, weil sie sich in der Kenntnis des positiven heteronomen Rechtes weniger sicher fühlen.

Man darf demnach das tatsächlich gehandhabte Recht, wie es unter der Herrschaft des Positivismus geworden ist, ein „Juristenrecht" nennen, gleichgültig, ob die einzelne Bestimmung von Juristen oder von Laien geschaffen und ausgeführt wird.

Die Lehre des Positivismus bedeutet also: Es gibt nur ein Recht, das „positive". Im Besitz dieses Rechtes sind heute im wesentlichen die Juristen und nebenher auch die von diesen beratenen, unterwiesenen oder befehligten, als öffentliche Organe tätigen Laien. Gegenüber diesem Rechte ist das Rechtsempfinden der Gehorchenden bedeutungslos, es gibt kein „Volksrecht". Diese Vernachlässigung des Rechtsgefühls des Volkes durch Gesetzgeber und Juristen ist der Grund, warum man ganz allgemein und in den verschiedensten Ländern über die Allmacht und Willkür der Gesetzgeber und die „Weltfremdheit" der Juristen zu klagen pflegt. Aber wie es besser machen?

Nur wenige Thoeretiker haben es gewagt, gegen diesen Positivismus im Namen des Rechtsgefühls anzukämpfen. Man faßt die wichtigsten unter ihnen unter dem allerdings nicht eindeutigen und verschieden abgegrenzten Begriff der Freirechtsbewegung zusammen. Sie wollen, daß der Richter nach Rechtsgefühl, unter Umständen auch gegen das Gesetz, entscheide. Sie haben durch Kritik z.T. sehr Wertvolles geleistet. Aber aufbauend können alle derartigen Bestrebungen, mag man sie wie immer nennen, nichts schaffen, was grundsätzlich den Positivismus verdrängen könnte. Denn sie können nicht erklären, warum der heteronome Befehl des souveränen Richters eine höhere verbindliche Kraft haben soll als der heteronome Befehl des souveränen Gesetzgebers. Man setzt offenbar voraus, daß der Richter ein besseres Sprachrohr des Rechtsgefühls des Volkes sei als der Gesetzgeber. Aber dies kann sich auch umgekehrt verhalten. Überdies ist die souveräne Entscheidung des Richters aus dem Rechtsgefühl im allgemeinen nur im Privatrecht und dessen Nebengebieten und auch da nur in beschränktem Umfang, im übrigen nur in einzelnen Teilgebieten des Rechtes denkbar, dagegen undenkbar vor allem in denjenigen Kompetenz- und Verfahrensnormen, welche die Grundlage der ganzen positiven Rechtsordnung bilden, sonst würde alles in Willkür aufgelöst. Kompetenz- oder Verfahrensnormen sind das Rückgrat jedes „positiven", jedes tatsächlich gehandhabten Rechtes und jeder staatlichen Ordnung. Könnte jedes Organ nach seinem Rechtsgefühl seine eigene Kompetenz verändern und sich von zwingenden wesentlichen Vorschriften des Verfahrens losbinden, oder könnte gar jeder sich nach seinem eigenen Rechtsgefühl eine Kompetenz beilegen, die ihm nicht auf Grund bestehender Kompetenz- und Verfahrensvorschriften übertragen worden ist, so gäbe es keine positive Rechts„ordnung" sondern Chaos und Anarchie.

Die Freirechtsbewegung und alle ähnlichen Bestrebungen können daher, so nützliche Kritik sie auch im einzelnen für die Auslegung des positiven Rechtes üben mögen, doch den Grundlagen des juristischen Positivismus nichts anhaben. Es ist notwendig vollkommen aussichtslos, auf diesem Wege weiterzugehen. Schon die erste praktische Frage kann nicht beantwortet werden: wann darf der Richter zugunsten des Rechtsgefühls gegen das Gesetz entscheiden und wann nicht?

Der juristische Positivismus hat sich denn auch in der Praxis unbeschränkt behauptet.

Aber es ist nicht möglich, eine so ungeheure geistige Kraft wie das Gewissen und Rechtsbewußtsein des Volkes dauernd auszuschalten. Geht der Gesetzgeber zu weit, so zeigt sich schließlich doch, daß nicht er sondern das Rechtsgefühl des Volkes die letzte Entscheidung hat und daß folglich der vermeintlichen Allmacht des Gesetzgebers Schranken gezogen sind, die er nicht überschreiten kann, ohne offenbar „Unrecht" zu begehen.

Eines der bemerkenswertesten Beispiele bildet der Kampf, der in Deutschland zur Zeit der Inflation um die vom Gesetzgeber anbefohlene Fiktion geführt worden ist, daß die „Mark gleich Mark" sei, d. h. daß die Mark im Sinne der Rechtsvorschriften und Rechtsgeschäfte aus den verschiedensten Zeiten trotz der ungeheuren Veränderung ihrer realen Kaufkraft für den Bereich des positiven deutschen Rechtes immer als gleichwertig, als sich gleichbleibend zu betrachten sei. Es ist wohl überflüssig, diesen Kampf hier im einzelnen darzustellen. Er gipfelte bekanntlich in einer Eingabe, die der Vorstand des Richtervereins beim Reichsgericht am 8. Januar 1924 an die Reichsregierung gerichtet hat und die in der Deutschen Richterzeitung, 16. Jahrgang, 1924, Spalte 7 und 8, abgedruckt ist. Diese Eingabe stützt sich besonders auf die Entscheidung des 5. Zivilsenats des Reichsgerichts vom 28. November 1923, welche im Grundsatz dem Schuldner die Befugnis abgesprochen hatte, eine in besserem Geld begründete Schuld in entwerteter Papiermark zu tilgen und die Löschung der Hypothek zu verlangen. Der Vorstand des Richtervereins wendet sich nun gegen ein beabsichtigtes gesetzliches Verbot der Aufwertung von Hypotheken. Er sagt, sich auf jenes Judikat beziehend: „Wenn der höchste Gerichtshof des Reiches nach sorgfältiger Erwägung des Für und Wider zu einer solchen Entscheidung gelangt ist, so glaubt er von der Reichsregierung erwarten zu dürfen, daß die von ihm vertretene Auffassung nicht durch einen Machtspruch des Gesetzgebers umgestoßen wird. Gestützt ist die Entscheidung auf den großen Gedanken von Treu und Glauben, der unser Rechtsleben beherrscht, gestützt auf die Erkenntnis, daß ein ferneres Festhalten an der Vorstellung, Mark sei gleich Mark, zu einem höchsten Maße des Unrechts führen würde, unerträglich in einem Rechtsstaat." „Dieser Gedanke von Treu und Glauben steht außerhalb des einzelnen Gesetzes, außerhalb einer einzelnen positiv-rechtlichen Bestimmung. Keine Rechtsordnung, die diesen Ehrennamen verdient, kann ohne jenen Grundsatz bestehen. Darum darf der Gesetzgeber nicht ein Ereignis, das Treu und Glauben gebieterisch fordern, durch sein Machtwort vereiteln."

Damit haben die höchsten deutschen Richter ausgesprochen, daß es etwas gebe, was der Gesetzgeber nicht „d a r f", daß das positive Recht im höchsten Maße „U n r e c h t" sein könne und daß das vom Gesetzgeber unrechtmäßig Verfügte zwar ein „Machtspruch" sei, aber den Ehrennamen, Teil einer „R e c h t s"ordnung zu sein, nicht verdiente.

Welch ungeheuren Dienst die deutsche Justiz der Sache des Rechts als einem allgemein menschlichen Wert, dem Ansehen und den wirtschaftlichen Interessen des deutschen Volkes und sich selbst erwiesen hätte, wenn sie solche Sätze wesentlich früher entschieden und beharrlich vertreten hätte, ist hier nicht zu untersuchen. Sie war eben, wie die ganze Juristenwelt, durch das positivistische Dogma von der Allmacht des Gesetzgebers geblendet gewesen. Aber in letzter Minute hat sie doch daran gezweifelt.

Der Vorstand des Richtervereins meint zwar offenbar, noch auf dem Boden des Positivismus zu stehen, indem er sich auf den auch vom positiven Recht anerkannten Grundsatz von „Treu und Glauben" beruft. Aber nach positivem Recht darf der Richter nach Treu und Glauben nur entscheiden, wenn und soweit das Gesetz oder Gewohnheitsrecht ihm hiezu die Vollmacht gibt. Der Gesetzgeber kann diese Vollmacht nach positivistischer Lehre jederzeit beliebig einschränken oder entziehen. Gerade hiegegen aber wendet sich die Eingabe. Sie leugnet die rechtliche Allmacht des Gesetzgebers.

Denn wenn der Gesetzgeber etwas nicht „darf", wenn etwas, was er verfügt, nur „Machtspruch" bleibt und nicht „Recht" wird, so muß es über dem Gesetzgeber ein Recht geben, das auch ihn verpflichtet, das seine Kompetenz umschreiben und beschränken kann. Der Gesetzgeber, hier der Reichstag, hätte nicht mehr, wie es der Positivismus lehrt, die Kompetenzhoheit, diese läge bei dem höheren „Recht". Dieses höhere Recht ist nach meiner Behauptung nichts anderes als das autonome Rechtsgefühl des Volkes.

Aber wer soll bindend feststellen, was die Rechtsüberzeugung des Volkes ist? Der Positivismus behauptet: der Gesetzgeber, die Freirechtsschule behauptet: der Richter im allgemeinen, und die zitierte Eingabe des Vorstandes des Richtervereins beim Reichsgericht behauptet: für das deutsche Recht das Reichsgericht.

So sehr sich nun auch unser Rechtsgefühl dagegen sträuben mag, daß die Mark ihrem billionsten Teil gleich gesetzt wurde, so sehr daher jeder geneigt ist, hier dem Richterverein „Recht" und dem Gesetzgeber bei seiner Fiktion „Unrecht" zu geben, so muß uns nach dem, was eben über die Freirechtsbewegung gesagt worden ist, klar sein, daß die Beweisführung des Richtervereins, welche an der Heteronomie des Rechts festhält, nicht die richtige sein kann, um das als richtig gefühlte Ergebnis gegen die Grundgedanken des Positivismus zu rechtfertigen. Was oben gelegentlich der Erörterung der Freirechtsbewegung von allen Richtern gesagt worden ist, muß auch vom höchsten Gericht allein gelten, und ob der Richter sein Urteil gegen den „Machtspruch" des Gesetzgebers mit „Treu und Glauben“ oder mit dem „Rechtsgefühl“ begründet, ist nur ein Wortstreit. Nach der Lehre des Positivismus darf der Richter eben überhaupt niemals gegen den Willen des obersten Gesetzgebers im Staate entscheiden. Positivismus oder nicht Positivismus, das ist also hier die Frage. Könnte aber ein Gericht, sei es auch das höchste, nach „Treu und Glauben“ etwa seine eigene Kompetenz oder die des Gesetzgebers bestimmen, so wäre es selbst der oberste Gesetzgeber, der Träger der Kompetenzhoheit im Sinne des Positivismus. Damit würden die Grundlagen der positivistischen Rechtsauffassung, nämlich die absolute Überordnung des Gesetzgebers und die hierauf beruhende Rechtssicherheit, zerstört. Wenn schon ein Organ die Fähigkeit haben soll, sein eigenes Rechtsgefühl heteronom demjenigen des Volkes zu substituieren, so kann dies nur der Gesetzgeber und nicht das Gericht sein.

Der Reichsjustizminister hat denn auch in seiner Antwort, die im gleichen Band der genannten Zeitschrift, Spalte 40 und 41, abgedruckt ist, auf die Gefahr hingewiesen. Er betont, es würde „zur Auflösung der Rechtsordnung und zu einer unheilvollen Erschütterung des Staatsgefüges führen, wollte ein Gericht für sich das Recht in Anspruch nehmen, ein verfassungsmäßig zustande gekommenes Gesetz nicht anzuwenden, weil es nach der Ansicht der Mehrheit seiner Mitglieder mit dem allgemeinen Sittengesetz nicht im Einklang stehe“. Der Justizminister ist hier folgerichtiger Positivist, wenn er die Forderung des Rechtsgefühls nicht „Recht“ sondern „Sittengesetz“ nennt. Nicht folgerichtig ist es allerdings, dem Gericht die Mehrheitsentscheidung gewissermaßen vorzuwerfen: bei einstimmiger Entscheidung des Gerichts wäre das Problem genau das gleiche.

Vom Standpunkt der Heteronomie des Rechtes mußte der Reichsjustizminister Recht behalten: es kann nur einer der oberste sein und dieser kann nur der Gesetzgeber, genauer der Verfassungsgesetzgeber sein. Daher hat auch der Kampf um die Fiktion: Mark gleich Mark zwar das Rechtsgefühl des deutschen Volkes gewaltig erschüttert, nicht aber den juristischen Positivismus. Dieser ist weiter herrschend geblieben. Das Volksrecht wurde und wird weiter als „Sittengesetz“, d. h. als Nichtrecht und das heteronome Juristenrecht des Positivismus als das einzige Recht betrachtet.

In neuester Zeit hat nun gerade in Deutschland eine weit stärkere Reaktion des Rechtsgefühls des Volkes gegen das Juristenrecht eingesetzt als zur Zeit der Inflation. Sie wendet sich gegen jene Bestandteile des deutschen Rechts, die aus dem römischen Recht stammen und will das ursprüngliche deutsche Recht wieder zur Geltung bringen. Die Forderung wird zu einem erheblichen Teil von Personen vertreten, welche weder das Gebiet des römischen noch das des alten deutschen Rechts beherrschen, ja sie hat eine volkstümliche, vielfach laienhafte Färbung, während die Fachvertreter des römischen Rechtes und der deutschen Rechtsgeschichte ihr überwiegend fern zu stehen scheinen. Dies zeigt, daß es sich in Wahrheit gar nicht um die inneren Qualitäten des römischen und des deutschen Rechtes handelt. Vielmehr ist es ein Kampf des Rechtsgefühls gegen seine alten Feinde: die „Allmacht" und „Willkür" des Gesetzgebers und die „Weltfremdheit" der Juristen. Es ist also ein Kampf des Volksrechtes gegen das Juristenrecht, gegen den Positivismus. In diesem Kampf hat sich das Rechtsgefühl des Volkes, indem es gerade das römische Recht herausgreift, gegen diejenige Stelle des Rechtes gewendet, die es als die schwächste und vielleicht zugleich als die undeutscheste empfindet. Denn das römische Recht ist vor Jahrhunderten von den deutschen Fürsten und ihren römischrechtlich gebildeten Juristen vor allem darum dem Volk aufgezwungen worden, weil es die Sätze enthielt, daß der Wille des Fürsten das oberste Gesetz sei und daß der Fürst an Gesetze nicht gebunden sei.

Aber damit, daß man sich gerade nur gegen etliche römischrechtliche Bestandteile des deutschen bürgerlichen Rechts wendet, ist offenbar das große Problem des Verhältnisses zwischen Volksrecht und Juristenrecht nicht gelöst. Rezeptionen, Nachahmungen und Verarbeitungen fremder Rechte hat es in der Geschichte viele gegeben. Man erinnere sich etwa an den ungeuren Einfluß, den das französische Recht zur Zeit Napoleons I. und vielfach noch später im Zivil-, Verwaltungs-, Verfassungsrecht und anderen Rechtsgebieten auf die verschiedensten Länder ausgeübt hat. Auch in Deutschland sind die römischen Bestandteile keineswegs die einzigen, die aus der Fremde stammen. So war z.B. auch hier das französische Recht seit Napoleon I. vielfach richtunggebend. Die Verfassungen und Verwaltungseinrichtungen der deutschen Länder im 19. Jahrhundert waren stark von westlichen Vorbildern abhängig, ebenso die Weimarer Verfassung. Manches davon ist erhalten. In neuester Zeit hat bekanntlich in weitem Umfang italienisches Staats- und Verwaltungsrecht als Muster gedient. Unter den fremden Bestandteilen des deutschen Rechtes sind gerade die römischen im allgemeinen die ältesten und es wäre undenkbar, daß sie sich durch Jahrhunderte unter den verschiedensten politischen und wirtschaftlichen Verhältnissen in den verschiedensten deutschen Ländern erhalten hätten, wenn sie nicht doch auch in weitem Maße dem deutschen Rechtsgefühl entsprochen hätten.

Wenn sich das Rechtsgefühl der Laien gegen die Willkür der Gesetze und die Weltfremdheit der Juristen kehrt, so fordert es demnach nicht die Entfernung römisch-rechtlicher Normen, die es gar nicht kennt, sondern wendet sich gegen den Positivismus, der dieses Rechtsgefühl nicht versteht, nicht anerkennt und nicht berücksichtigt. Der wahre Kern der Bewegung ist also nicht: deutsches Recht gegen römisches Recht, sondern: Volksrecht gegen Juristenrecht. Positivismus oder nicht Positivismus, das ist auch hier die Frage. Daher kann auch die Bewegung gegen das römische Recht auf dem Boden der Heteronomie des Rechtes im besten Falle einzelne Bestimmungen volkstümlicher gestalten, aber nichts Grundsätzliches am bestehenden Zustand ändern. Die Mängel des Positivismus würden um nichts geringer, wenn eine Reihe von Paragraphen, die römischen Ursprungs sind, durch andere, am allerwenigsten, wenn sie durch die alten germanischen Volksrechte ersetzt würden. Ebensowenig würde sich etwas nennenswert bessern, wenn das römische Recht etwa an den Universitäten nicht mehr geprüft würde; ja, im Gegenteil, was man mit dem römischen Recht beseitigte, wäre ein Stück d e u t s c h e r Rechtsgeschichte, und gerade wenn man das deutsche Recht von überflüssigen Fremdkörpern säubern will, muß man diese Fremdkörper genau kennen.

Es ließe sich noch vieles über den Abgrund sagen, der unter der Herrschaft des Positivismus und der Lehre von der Heteronomie des Rechts zwischen den Gesetzgebern und Juristen auf der einen Seite und den Massen der gehorchenden Laien, dem „Volk“, auf der anderen Seite klafft. Doch das Gesagte dürfte genügen.

Solange der Glaube die Theorie und die Praxis beherrscht, daß das oberste Organ im Staat, sei es nun ein Monarch, ein aristokratisches oder demokratisches Parlament, ein aristokratischer oder demokratischer Diktator oder wer immer, im Sinne des juristischen Positivismus als der Träger der Kompetenzhoheit die Fähigkeit besitze, alle andern im Staat durch seine heteronomen Befehle zu verpflichten, ist der Konflikt zwischen demjenigen, was wir das Juristenrecht und demjenigen, was wir das Volksrecht genannt haben, unvermeidlich. Niemand ist vollkommen und kein Organ, sei es nun ein Einzelner oder eine Körperschaft, kann auf die Dauer immer dann, wenn es als oberster Gesetzgeber Normen erläßt, unfehlbar die Stimme des Gewissens und Rechtsgefühls der Beherrschten oder ihrer Mehrheit wiedergeben. Der Zwiespalt, der seit der griechischen Unterscheidung zwischen dem gesetzlich Gerechten und dem natürlich Gerechten das Rechtsleben der Völker durchzieht, kann demnach weder mit Theorien über ein theologisches oder rationales Naturrecht, noch nach den Rezepten der Freirechtsschule, noch durch die Eliminierung des römischen Rechts noch durch beliebige andere Mittel, die von der Voraussetzung der Heteronomie des Rechtes aus erdacht sind, überwunden werden.

Dagegen stellt sich alles ganz anders dar, wenn wir von der hier entwickelten Lehre von der Autonomie des Rechts ausgehen.

Ursprüngliche, schöpferische Quelle des Rechts, letzter Grund der Verbindlichkeit des Rechts ist einzig und allein das Gewissen und Rechtsgefühl der Gehorchenden. Wir dürfen daher sagen: die Entstehungsquelle des Rechts, der oberste Gesetzgeber ist für die voraussetzungslose wissenschaftliche Betrachtung immer und in allen Staatsformen das Volk als Ganzes, mag nach positivem Recht wer immer zum obersten Gesetzgeber und zum Träger der Kompetenzhoheit erklärt sein. Denn das positive Recht enthält heteronome Befehle. Diese sind, wie wir wissen, nur bedingtes Müssen, Androhung von Gewalt, gleichstehend, solange man sie nur als solches Müssen betrachtet, den Befehlen eines Räuberhauptmanns, und sie werden zu einem unbedingten Sollen, zu sittlichen und rechtlichen Werten, erst durch die Billigung des Gewissens und Rechtsgefühls.

Wenn man, wie ich vorgeschlagen habe, die Überordnung der Völkerrechtsgemeinschaft über den Staat — sofern man eine solche Überordnung bejaht — die „absolute“ und die Überordnung des obersten Organs im Staat über die anderen Organe die „relative“ Kompetenzhoheit nennt, so kann man daher sagen: die relative Kompetenzhoheit im Sinne des positiven Rechtes, also die Eigenschaft, das höchste Staatsorgan zu sein, ist für jede Betrachtung, welche im Recht ein Sollen sieht, immer vom Rechtsgefühl und Gewissen des Volkes abgeleitet, schöpft ihre verbindliche Kraft immer aus dem Volke.

Das Volk steht demnach als die schöpferische Quelle alles sittlich-rechtlichen Sollens für die imperativische Betrachtung über dem Staat, dessen positivem Recht und dessen gesamtem Apparat von Staatsorganen einschließlich des vom positiven Recht eingesetzten Trägers der relativen Kompetenzhoheit.

Die meisten Verfassungen der bisherigen Geschichte haben diese Überordnung des Volkes über die Gesamtheit der Staatsorgane nicht anerkannt und Inhaber von Herrenrechten — Monarchen oder Aristokraten — zu obersten Gesetzgebern oder Mitgesetzgebern gemacht. Aber dies ist, wie ich in meinem Buch: La Démocratie [1] darzulegen versucht habe, nur mit Hilfe von Glaubensdogmen möglich, welche den Monarchen oder Aristokraten die magische Fähigkeit zuschreiben, durch ihre heteronomen Befehle ein verpflichtendes Recht zu schaffen. Sobald man erkannt hat, daß aus dem Sein kein Sollen abgeleitet werden kann, muß die voraussetzungslose Wissenschaft feststellen, daß dies nur Schein ist. Auch die überpositiven Herrenrechte, die das positive Recht anerkennt und von denen es abgeleitet wird, schöpfen ihre verbindliche Kraft aus dem autonomen Gewissen und Rechtsgefühl der Gehorchenden.

Es gibt bis jetzt zwei Arten von Verfassungen, welche die Überordnung des Volkes über alle gesetzgebenden und vollziehenden Staatsorgane anerkennen: erstens die Demokratie und zweitens den „Autoritätsstaat" der neusten Zeit, wie er sich seit der russischen Revolution vom Herbst 1917 und dem faschistischen Umsturz in Italien in verschiedenen Ländern entwickelt hat.

Was die Demokratie betrifft, so bedarf dies keiner Erörterung. Aber auch der moderne Autoritätsstaat beruht auf dem Gedanken, daß das Volk die letzte Quelle des Rechtes und daß der Lenker des Staates Beauftragter des Volkes sei.

Was Rußland anlangt, so sei auf meine Bemerkungen in dem Buch: La Démocratie [2] hingewiesen. In Italien hat Mussolini wiederholt in Reden und Schriften betont, daß der Faschismus eine besonders qualifizierte Art der Demokratie sei. So hat er

---

[1] S. 115ff., insb. 118ff.

[2] Vgl. S. 202, 203, 205, 210, 211.

in: „La dottrina del fascismo“ ausgeführt, der Faschismus sei die reinere Form der Demokratie, nämlich jene, welche das Volk nicht quantitativ sondern qualitativ erfasse, und den Faschismus im Gegensatz zu der bisherigen Form der Demokratie als die organisierte Demokratie, die organisierte Volksherrschaft bezeichnet[1]. Statt vieler sei noch auf den Aufsatz von Tosti: Democrazia fascista[2] hingewiesen.

Von der Auffassung des deutschen Nationalsozialismus habe ich im Nachwort meines Buches: La Démocratie gesprochen. Ich habe dort auf eine Reihe von Aussprüchen führender Persönlichkeiten und auf gewisse Maßregeln hingewiesen, aus denen hervorgeht, daß man auch dort die Form des autoritären Staates als eine neue, bessere Form der Demokratie bezeichnet. Seitdem ich jenes Nachwort abgeschlossen habe, sind eine ganze Reihe neuer Maßregeln und Äußerungen gleicher Tendenz hinzugekommen. Am 14. Juli 1933 hat die Reichsregierung ein Gesetz über Volksabstimmung beschlossen, welches die Befragung und die Mehrheitsentscheidung des Volkes bei Zugrundelegung des bisherigen demokratischen Stimmrechtes über beliebige, von der Reichsregierung dem Volk zur Beurteilung vorgelegte Maßnahmen vorsieht. Am 28. September 1933 erklärte Reichsminister Dr. Goebbels in Genf vor Vertretern der Presse: „Der moderne Staatsaufbau in Deutschland ist eine Art veredelter Demokratie, in der kraft Mandat das Volk autoritär regiert wird“[3]. Der Reichskanzler selbst sagte in seiner Reichstagsrede vom 30. Januar 1934 u. a.: „Der Deutschlands letzte Spitze verkörpert, erhält seine Berufung durch das deutsche Volk und ist ihm allein und ausschließlich verpflichtet“, und in seiner Rede im Münchner Hofbräuhaus vom 26. Februar 1934 stellte er in Aussicht: „Wir wollen daher auch in der Zukunft wenigstens einmal in jedem Jahre dem Volk die Möglichkeit geben, sein Urteil über uns zu fällen.“ Diese Beispiele könnten leicht vermehrt werden. Aber das Gesagte dürfte wohl ausreichen.

Daß das Volk die Quelle des Rechtes und als solche allen Organen des Staates übergeordnet ist, wird in der Monarchie und der

---

[1] Mussolini: La drottina del fascismo, Milano—Roma 1932, Teil I, Abschnitt 9 und Teil II, Abschnitt 7.

[2] Tosti: Democrazia fascista, in La stirpe, Jahrg. XII, 1934, Nr. 3, S. 111ff.

[3] Branca: Der Staatsgedanke des Dritten Reichs, 1934, S. 69.

Aristokratie sowie in verschiedenen Mischformen, auf die hier nicht näher eingegangen werden kann, nur mit Hilfe von Dogmen geleugnet, welche Andersdenkende nicht überzeugen; in den neueren Formen des Staates, in der Demokratie und im Autoritätsstaat, ist jene Stellung des Volkes wenigstens grundsätzlich anerkannt. Das Volk hat sich demnach im Laufe der Geschichte in immer steigendem Maß die Anerkennung seiner wahren Stellung erobert. Der juristische Positivismus kann diesen Vorgang von seinen Prämissen aus nicht begreifen. Für ihn sind alle Staatsformen gleich; „metajuridische" oder „metajuristische" Mächte, die er mit seiner Methode nicht erfassen kann, entscheiden darüber, wer der Träger der Kompetenzhoheit ist, und über die Kompetenzhoheit hinaus kann der Jurist nicht fragen.

Der Satz, daß das Volk die schöpferische Quelle alles Rechts ist, bedeutet jedoch nicht etwa, daß alle Staaten Demokratien seien. Aber wir haben nun die Möglichkeit, für die Beurteilung der Unterscheidungsmerkmale, nach denen man die Staatsformen einteilt, eine Klarheit zu gewinnen, die vom Boden des Glaubens an die Heteronomie des Rechtes unerreichbar ist. Nicht danach teilen wir die Staaten ein, wer die letzte Quelle des Rechts ist, sonst bildeten allerdings alle Staaten eine einzige Klasse, sondern danach, wie die Berufung zum Träger der relativen Kompetenzhoheit des positiven staatlichen Rechtes erfolgt, wie die Auslese derjenigen getroffen wird, welche in der positiven heteronomen Rechtsordnung des Staates zur obersten Befehlgebung berufen sind. Im übrigen muß ich bezüglich der Einteilung der Staatsformen auf den zweiten Teil meines Buches: La Démocratie verweisen. Dem Autoritätsstaat, soweit er sich bisher entwickelt hat, könnte man den Namen „Demokratie" nur dann beilegen, wenn man dieses Wort in einem zweiten, völlig neuen Sinn gebrauchte, der Rechte der Individuen nicht voraussetzte und mit der bisherigen Bedeutung des Wortes nur eines gemeinsam hätte: die Anerkennung des Gedankens, daß das Volk die oberste Quelle des Rechtes ist.

Bezüglich der Auslegung des Wortes Demokratie hat eine Kritik von Welti[1] im Gegensatz zu anderen[2], meine Ausführungen miß-

[1] Welti: Die Demokratie im Lichte der Wissenschaft. Neue Zürcher Zeitung vom 4. März 1934, Blatt 3, Nr. 374.

[2] Z. B. Engländer, Internationales Anwaltsblatt, 20. Jahrg., 1934, Heft 1, S. 28 oder Ch. R. in der Révue Générale de Droit International Public, 41. Année, 3e Série, t. VIII, 1934, S. 499.

deutet. In der Demokratie steht das Individuum für die imperativische, sittlich-rechtlicheBetrachtung als ein Teil des obersten Schöpfers des Rechts, als Mitgesetzgeber — nur in dieser Eigenschaft, nicht in seinem übrigen Leben — über dem Staat und dessen Organen. Daher ist es in dieser Eigenschaft frei von allen positiven Rechtspflichten und nur seinem Gewissen unterworfen. Es muß daher von den nötigen Garantien der Freiheit umgeben sein, sonst ergäbe die Abstimmung nicht den Willen des Volkes sondern den Willen der Regierung. Aus diesen freien gesetzgebenden Individuen setzt sich das Volk als Gesetzgeber zusammen, folglich ist dieses im gleichen Umfang frei wie seine Teile, die Individuen, und steht im gleichen Sinne über dem Staat. Gerade diese Stellung des Individuums und damit die Demokratie hat der Autoritätsstaat stets aufs Heftigste bekämpft. Es unterwirft das Individuum dem „totalen" Staat, dem Staatsabsolutismus. Daher hat der Staat die Äußerung des Volkswillens völlig in seiner Hand. Wenn man dennoch daran festhalten will, daß das Volk der Schöpfer, die oberste Quelle des Rechts ist, wie dies die oben zitierten Aussprüche führender Persönlichkeiten des Autoritätsstaates tun, so muß man voraussetzen: erstens, daß das Gewissen und Rechtsgefühl des Volkes qualitativ etwas ganz anderes sei als jenes der Individuen, eine über die Erfahrung hinausragende, mithin metaphysische Einheit, die nur Glaubensdogmen, nicht aber der wissenschaftlichen Erfassung zugänglich ist; zweitens daß nur der Lenker des Staates dieses Gewissen und Rechtsgefühl des Volkes intuitiv vollkommen erfasse, wenn er mit Hilfe des staatlichen Apparates eine bestimmte Äußerung des Volkswillens herbeiführt oder ohne Volksabstimmung namens des Volkes handelt. Wie dieser Glaube gedacht werden könne, ist hier nicht zu erörtern. Wir haben es mit Wissen, nicht mit Glauben zu tun. Jedenfalls aber hat der Autoritätsstaat dadurch, daß er sich vor dem Gewissen und Rechtsgefühl des Volkes als eine veredelte Demokratie gewissermaßen rechtfertigen will, die Stellung des Volkes als der obersten, letzten Quelle des Rechts anerkannt.

Bei den bisherigen Betrachtungen ist es offen geblieben, wer denn nun genauer — gleichgültig in welcher Staatsform — das „Volk" ist. Ich muß diesbezüglich auf den ersten, soziologischen Teil meines Buches: La Démocratie verweisen. Niemals sind unter einer großen Zahl von Menschen alle einer Meinung. Wenn man vom

Volke spricht, meint man daher immer, in jeder Staatsform ohne Ausnahme, nur eine Mehrheit. Operiert man mit ihr als mit der Grundlage eines stabilen positiven Rechts, so kann nur eine dauernde tragfähige Mehrheit gemeint sein. Sonst wäre ein Übergangsstadium vorhanden und die Positivität des Rechtes oder gewisser Rechtseinrichtungen wäre, solange dieses Übergangsstadium dauert, erschüttert und würde vielleicht allmählich oder plötzlich der Positivität anderer Rechtseinrichtungen weichen. Ich muß hier an das erinnern, was oben über die Positivität gesagt worden ist. „Volk", als die Grundlage und Quelle des positiven Rechtes, ist daher die dauernde tragfähige Mehrheit der Gehorchenden.

Es ist demnach irrig, das sogenannte Mehrheitsprinzip schlechthin und ohne Einschränkung zu bekämpfen. Gewiß ist die monokratische Organisation staatlicher Organe der kollegialen im allgemeinen überall da überlegen, wo Initiative, rasches Handeln und die persönliche Verantwortlichkeit eines einzelnen für die Erreichung staatlicher Zwecke notwendig oder nützlich sind. Aber dies hat mit unserem Problem gar nichts zu tun. Das „Volk" als die letzte Quelle aller Befugnisse aller monokratischen oder kollegialen Staatsorgane kann immer nur eine Mehrheit sein und in diesem Sinn ruht alles im Staate letztlich auf der Mehrheit.

Mehrheiten können wechseln. Darin sind die Änderungen der Rechtsordnungen begründet. Aber es wäre irrig, Mehrheiten immer als „Zufalls"-Mehrheiten zu betrachten, wie es heute manchmal geschieht. Sonst wäre der größte Teil der ganzen Rechtsgeschichte, ja aller Geschichte geistigen Geschehens, Zufall. Wenn in einem Parlament von 100 Abgeordneten 51 der einen und 49 der anderen Partei angehören und am Tage einer Abstimmung aus der ersten Partei drei, aus der zweiten keiner durch Krankheit am Erscheinen verhindert ist, so kann man von „Zufallsmehrheit" sprechen, denn die Erkrankung hat mit Gewissen und Rechtsgefühl und den Zwecken der Abstimmung nichts zu tun. Aber in der Regel hat es tiefere sachliche Gründe, warum selbst in einer kleinen Kollegialbehörde, z. B. in einem Gerichtshof oder einer Prüfungskommission, noch mehr in einem Parlament, am allermeisten in einem ganzen Volk, eine Mehrheit für das eine und nicht für das andere vorhanden ist. Wenn in irgendeiner der tiefsten sittlichen und rechtlichen Fragen etwa die Mehrheit beispielsweise des chinesischen Volkes anders empfindet als diejenige des deutschen, so ist dies kein „Zufall" sondern hier drückt sich ganz im Gegenteil das Heiligste aus, was beide Völker besitzen: ihr Charakter.

Was im Rechte geschieht, ist im allgemeinen der Ausfluß des Charakters des Volkes, und, soweit wir Gemeinsamkeiten bei verschiedenen Völkern feststellen können, des Charakters der Menschheit.

So gewinnt für uns der Begriff des Volkes noch nach einer anderen Seite Bedeutung. Früher war die Rede von dem quantitativen Verhältnis zwischen dem Ganzen und seiner dauernden, tragfähigen Mehrheit. Wir müssen aber das Volk, als Einheit gesehen, gleichgültig wie groß und wie langlebig die augenblickliche tragfähige Mehrheit ist, qualitativ mit anderen Völkern vergleichen, sonst könnten wir nur von einem Menschheitsrecht und nicht vom „römischen", „deutschen", „französischen", „englischen" Recht usw. sprechen. Bei solchem Vergleich bedeutet Volk in der Regel nicht „Staatsvolk". Uns interessiert beispielsweise die deutsche Rechtsgeschichte und nicht gerade nur jene von Schwarzburg-Sondershausen oder Reuß jüngere Linie, während wir umgekehrt in polyglotten Staaten verschiedene Rechtsauffassungen nebeneinander feststellen können. Man gelangt so zum Begriff des „Volkstums", „der Nation", der „Nationalität" als des Erzeugers und Trägers gemeinsamen Sollens, gemeinsamer sittlich-rechtlicher Werte. Heute gebraucht man manchmal den mehrdeutigen Ausdruck „Rasse" auch in diesem Sinn. In anderen Sprachen, wie im Englischen und Französischen, wird dieser Sprachgebrauch dadurch unterstützt, daß dort die von natio abgeleiteten Worte in der Regel auf das Staatsvolk und den Staat bezogen werden.

Volkstum und Recht gehören demnach untrennbar zusammen. Das Gewissen und Rechtsgefühl des Volkes erzeugt das Recht, ist dessen Entstehungsquelle. Das Recht ist im allgemeinen der Ausdruck dieses Gewissens und Rechtsgefühls, es ist die Erkenntnisquelle für den Charakter des Volkes. Kaum einer der Irrtümer des juristischen Positivismus ist so verhängnisvoll wie der, daß der Begriff des Volkes als nationaler Einheit oder der „Rasse" im zuletzt genannten Sinn „nur" ein „soziologischer", im allgemeinen juristisch irrelevanter sei und daß es der Jurist nur mit dem „Staatsvolk" als der Summe der Staatsangehörigen eines Staates zu tun habe. Im Begriff des Volkstums, der Nationalität, steckt ein

Sollen, ein sittlich-rechtliches Werturteil. Ich habe in meinem mehrfach genannten Buch: Der Wandel der Ideen, Staat und Volk als Äußerung des Weltgewissens, und zwar im dritten Abschnitt des dritten Teils, versucht, dies näher darzulegen.

Damit ist zugleich die Gefährlichkeit des Wortes: „Rasse" dargetan. Denn dieses wird zumeist in einem kausalwissenschaftlichen, naturwissenschaftlichen Sinn gebraucht, in dem es mit Ethik und Recht nichts zu tun hat und uns in die Versuchung führt, Menschen„rassen" nach gleichen Grundsätzen zu betrachten und zu behandeln wie Rassen von Zwiebeln oder Kaninchen.

Da der Begriff des Volkstums der Welt des Sollens, der sittlich-rechtlichen Werte angehört, kann keine Art des Materialismus, weder der ökonomische, noch der rassentheoretische, noch sonst einer, diesen Begriff voll erfassen, und daher auch nicht das Recht, das ja das Erzeugnis des Volkstums ist. Der Materialismus kann immer nur in den materiellen Voraussetzungen stecken bleiben, auf denen sich erst das Sollen des Volksbewußtseins und des Rechtes aufbaut. Eine materialistische Rechtslehre ist für folgerichtiges Denken ebenso ein Widerspruch in sich wie eine materialistische Ethik und muß, wenn man doch versucht, aus dem Sein ein Sollen abzuleiten, zu Irrtümern oder willkürlichen Mißbräuchen führen. Der Mensch ist weder bloß eine Funktion des Magens noch bloß eine Funktion der Zeugungsorgane. Beide können kein Sollen begründen. Weder die Produktions- und Wirtschaftsverhältnisse allein schaffen das Recht, noch „Blut und Boden" allein, sondern zu diesen und anderen materiellen Voraussetzungen tritt das autonome Erleben des Gewissens und Rechtsgefühls hinzu. Dieses Erleben aber ist ein selbständiger, aus seinen materiellen Voraussetzungen nicht restlos erklärbarer und voraussagbarer Faktor des Weltgeschehens.

Man kann demnach das dem Volksempfinden angemessene und in diesem Sinn „richtige" Recht weder aus Rasseeigenschaften der Vorfahren noch aus wirtschaftsstatistischen Tabellen ableiten. Man muß bis an die wahre Quelle des Rechts, an das autonome Gewissen und Rechtsgefühl der Individuen, vordringen.

Wie aber ist dies möglich?

Vor allem ist es die Aufgabe, und zwar im Sinne meiner hier vorgetragenen Lehre die erste, vornehmste und wichtigste Aufgabe der Rechtswissenschaft, das Rechtsempfinden des Volkes, der Gehorchenden, zu erforschen. Das rechtsdogmatische „Paragraphen-

Schachspiel" ist zwar für die Beratung der Praxis durch die Theorie nicht wertlos; aber „Wissenschaft" kann man es nur in einem weiteren, übertragenen Sinn nennen, es ist eine Art geistestechnischer Hilfslehre und wird auch von den anderen Fakultäten im allgemeinen nicht höher eingeschätzt. Doch auch der Praxis bietet die „dogmatische" Rechtswissenschaft nur wenig, was sich daraus sehen läßt, daß sie von Richtern nur selten und in sehr beschränkter Auswahl, von Staatsmännern und Verwaltungsbehörden fast niemals zitiert und beachtet wird. Die Theorie vom Recht muß, wenn sie ihren Gegenstand wahrhaft wissenschaftlich behandeln will, vor allem die Quelle des Rechtes, das Rechtsgefühl des Volkes, untersuchen und prüfen, wie weit das positive Recht, die heteronomen Befehle der staatlichen Machthaber, mit dem autonomen Recht des Volkes übereinstimmen.

Bei diesem Vorgehen könnte sie von den Methoden der Freirechtsschule allerdings z.T. viel lernen. Nur darf das Ziel nicht sein, heteronome Befehle des Richters an die Stelle der heteronomen Befehle des Gesetze de lege lata zu setzen, sondern dem Gesetzgeber de lege ferenda vorzuarbeiten, ja ihn darüber zu belehren, in welchen Punkten er gegen das autonome Volksempfinden verstößt, in welchen Punkten er mit seinen Gesetzen „Unrecht" begeht oder begangen hat. Auch ist es nicht folgerichtig, sich nur auf das vom Richter angewandte Recht oder gar nur auf das Zivilrecht zu beschränken. Alles muß der wissenschaftlichen Kritik unter dem Gesichtspunkt unterworfen werden, ob es dem wahren Rechtsempfinden des Volkes entspricht, vor allem die Grundlage des positiven Rechtes, das positive, d.h. tatsächlich gehandhabte Verfassungsrecht. Soweit ein positives Recht ehrlich die Freiheit der Wissenschaft und ihrer Lehre gewährt, kann es, wenn einmal die Wissenschaft diese ungeheure Aufgabe erfaßt hat, die Grundlage schaffen, von der aus das wahrhaft volkstümliche Recht, das der Eigenheit jedes Volkes angemessenste Recht und insbesondere die für ein gegebenes Volk zu einem gegebenen Zeitpunkt beste Verfassung, aufgebaut werden können.

Die Methode solchen wissenschaftlichen Vorgehens kann nur die induktive sein. Das Ganze, was erforscht werden soll, das Rechtsgefühl des Volkes, ist uns in der Erfahrungswelt nur im Gewissen und Rechtgefühl der Individuen gegeben, anders nicht, und nur von den gegebenen Tatsachen, also von den konkreten Erlebnissen des Sollens der Individuen kann man ausgehen, wenn man voraussetzungslose Wissenschaft treiben will, um allgemeingültige Ergebnisse zu gewinnen, die auch der Gegner anerkennen muß. Sonst baut man Luftschlösser und jeder kann als Volksempfinden dasjenige hinstellen, was ihm paßt.

Mit dem sogenannten Individualismus als ethischem Prinzip hat diese vom Individuum ausgehende induktive Methode nichts zu tun. Man kann der größte Altruist und Patriot sein und doch durch eine falsche Methode zu Irrtümern geführt werden, während der größte „Individualist" und Egoist durch richtige Methode zur Erkenntnis der Wahrheit gelangen kann. Sehr viele, die heute für den Kollektivismus gegen den Individualismus zu kämpfen glauben, setzen ungeprüft ihr eigenes Rechtsempfinden und manchmal gar nur ihre eigenen Interessen für das Volksempfinden und das Volkswohl. Wer auch den Gegner zu der Anerkennung zwingen will, daß er das „richtige", das volkstümliche Recht verwirklichen wolle, der muß wissen und dartun, wie die Millionen von Individuen in ihrem Innersten wirklich denken und fühlen. Für ihn ist das konkrete Erlebnis des Sollens der einzelnen Individuen die letzte erreichbare Gegebenheit.

Allein die Schwierigkeiten, die sich der wissenschaftlichen Bewältigung der erörterten Aufgabe in den Weg stellen, sind ungeheuer. Wie soll der einzelne Forscher feststellen, wie Millionen von Individuen über die eine oder die andere Frage des Sollens urteilen? Vieles läßt sich, je nach der Verfassung und den Einrichtungen der einzelnen Länder, aus Sitten und Gebräuchen, aus Wahlen und Volksabstimmungen, aus Stimmen der Presse, aus Vorgängen in Vereinen und Versammlungen, aus einzelnen Ereignissen, z.B. im Falle einer Revolution, erschließen, auch sind private Befragungen Einzelner in beschränktem Umfang durchführbar, z.B. durch Versendung gedruckter Fragebogen. Aber dies alles ist in der Regel auf einzelne Fragen oder auf einen kleinen Kreis von Volksgenossen beschränkt, und so ist die Basis für Induktionsschlüsse meist zu eng oder zu unsicher. Wir wissen daher bis heute sehr wenig darüber, wie weit das positive Recht der einzelnen Staaten und Völker, aber nicht bloß ihr bürgerliches Recht, sondern die gesamte Rechtsordnung, ganz besonders, wie weit die Staatsverfassungen und — nicht zu vergessen! — die

Staatsgrenzen dem Rechtsgefühl der gehorchenden Massen auch wirklich entsprechen.

Nur ein großer Apparat, wie ihn allein die Regierungen in Bewegung setzen können, ist imstande, das Material zu beschaffen, auf dessen Grundlage ein wirklich volkstümliches Recht systematisch ausgebaut werden und schließlich in künftigen Menschenaltern der tausendjährige Gegensatz zwischen dem Volksrecht und dem Juristenrecht überwunden werden könnte. So sind insbesondere allgemeine freie Volksabstimmungen imstande, uns zu jeder beliebigen Zeit und bezüglich jeder beliebigen Frage des Sollens ein Bild von dem wahren Empfinden des Volkes zu geben. Gegenstand der Abstimmung darf zu diesem Zweck nicht ein ganzer Gesetzentwurf sein sondern eine einzelne Frage, was nicht hindert, daß zu Ersparungszwecken mehrere selbständige Fragen bei einem und demselben Abstimmungsgang beantwortet werden. Auch muß die Regierung ermächtigt sein, jederzeit solche Fragen an das Volk zu richten. Ein so allgemeines Fragerecht hat beispielsweise § 1 des deutschen Gesetzes über Volksabstimmung vom 14. Juli 1933 der Reichsregierung gegeben. Auf die Frage der Freiheit der Abstimmung und die Rechtsstellung des Individuums im deutschen Staatsrecht kann hier nicht eingegangen werden.

Außer Volksabstimmungen könnten sich auch andere Methoden planmäßiger Befragung der Massen in Zukunft entwickeln. Doch würde es zu weit führen, hier solche Möglichkeiten erörtern zu wollen.

Das Gewissen und Rechtsgefühl des Menschen beugt sich keiner Gewalt. Man kann ein äußeres Verhalten der Menschen im allgemeinen erzwingen, niemals aber ihre innere sittlich-rechtliche Billigung. Die autonomen Erlebnisse des Sollens knüpfen ferner immer an einen gegebenen oder vorgestellten Tatbestand an und können daher durch Irrtümer über Tatsachen und Kausalzusammenhänge inhaltlich geändert, gefälscht werden. Eine Volksabstimmung oder sonstige Befragung von Massen, welche deren Rechtsempfinden ermitteln will, muß folglich vollkommen frei von unmittelbarem und mittelbarem Zwang, geschützt durch Individualrechte, und ebenso frei von jeder Irreführung sein. Dies ist so selbstverständlich, daß es keiner Ausführung bedarf.

Ein Stück des positiven Rechtes sind auch die Bestimmungen über die konkreten Staatsgrenzen. Aber diese sind zwei Staaten gemeinsam. Es genügt daher, wenn man die Staatsgrenzen vom Rechtsgefühl der Bewohner eines Gebietes abhängig machen will, eine innerstaatliche Abstimmung nicht, es müßte eine beiderseitige, völkerrechtlich geregelte Abstimmung vorgenommen werden. In diesem Sinn bin ich seit 1917 für die Regelung strittiger Gebietsfragen durch Volksabstimmungen nach einzelnen Gemeinden eingetreten. Es würde zu viel Raum beanspruchen, sollte das schwierige Problem der Abgrenzung der Staaten hier näher erörtert werden. Statt dessen sei mir gestattet, auf meinen Aufsatz: Das Nationalitätenrecht als internationales Problem [1], ferner auf meine Ausführungen in Strupps Wörterbuch des Völkerrechts und der Diplomatie [2] und meine daselbst [3] zitierten weiteren Arbeiten, endlich auf mein Buch: Der Wandel der Ideen, Staat und Volk als Äußerung des Weltgewissens [4] hinzuweisen.

Auch über andere internationale Fragen als gerade nur Gebietsfragen sind Befragungen der Völker durch internationale Organe oder durch jeweils im konkreten Fall neutrale Regierungen denkbar. Jedoch ist die Technik der Durchführung, wenn diese frei von Zwang und Irreführung sein soll, noch schwieriger. Doch genügt es, wenn wir uns hier, wo ja nur das Grundsätzliche des Problems zu behandeln ist, auf das innerstaatliche Recht beschränken.

Soweit Volksabstimmungen oder ähnliche Massenbefragungen, die, frei von Zwang und Irreführung, ein zuverlässiges Bild über das Rechtsempfinden des Volkes geben, nicht vorliegen, ist nur eine sehr umsichtige induktive Forschung voraussetzungsloser Wissenschaft imstande, uns über die letzte Quelle des sittlich-rechtlichen Sollens der Menschen Aufschluß zu geben. Die Wissenschaft wird diese Mission voraussichtlich nicht verlieren. Denn Volksabstimmungen oder ähnliche Massenbefragungen können schon wegen ihrer Kosten und ihrer technischen Schwierigkeiten nur verhältnismäßig selten und nur über eine sehr kleine Auswahl von Fragen abgehalten werden. Es wird also immer die Wissenschaft vom Recht, statt sich, wie der Positivismus es will, zur Sklavin eines allmächtigen heteronomen Gesetzgebers zu machen, berufen sein, im Namen des Rechtsgefühls des Volkes über den Staat, die Völkerrechtsgemeinschaft und das positive Recht zu richten.

---

[1] Österreichische Zeitschrift für öffentliches Recht, III, 1917, S. 397ff.
[2] II. Band, 1925, S. 89, 90. [3] S. 107 und 108.
[4] S. 202, 245, 246 und 249.

VI. Die Trennung der Gewalten.

Das Ausgeführte gibt uns auch Aufschluß über das bisher so umstrittene und im Grunde nie geklärte Problem der sogenannten Trennung der Gewalten.

Das Volk ist in allen Staaten aller Verfassungsformen die alleinige ursprüngliche Quelle alles Sollens. Alle Organe, seien sie nun Träger überpositiver Herrenrechte, wie Monarchen und Aristokraten, oder seien sie demokratische Mandatare, sind daher, wie immer ihre tatsächliche Macht sein mag und auf welche Glaubensdogmen immer ihre Stellung gestützt werden mag, für die wissenschaftliche Erkenntnis nur Träger abgeleiteter Kompetenzen. Abgeleitete Kompetenzen aber sind in den verschiedensten Graden und Abstufungen denkbar. Eine denknotwendige, allgemeingültige Trennung zwischen der gesetzgebenden und der vollziehenden Gewalt irgendwelcher Staatsorgane — ausgenommen das Volk selbst, soweit man es im Augenblick, in dem es zur Urne schreitet, als „Organ" des positiven Rechtes bezeichnen will — gibt es daher nicht. Alle Argumentationen über die rechtliche Notwendigkeit einer Trennung der gesetzgebenden von den vollziehenden Organen sind Naturrecht im alten, überlebten Sinn, sind Deduktionen aus willkürlichen Prämissen. In der Tat sehen wir im Recht der verschiedensten Staaten, daß die Grenze zwischen „Gesetzen" und „Verordnungen" teils positivrechtlich gar nicht von Belang ist, teils sehr verschieden gezogen wird oder bestritten ist, teils durch Mittelgebilde verwischt, teils durch weitgehende gesetzliche Delegation illusorisch gemacht wird. Auch das System der parlamentarischen Regierung, der Abhängigkeit der Regierung vom Vertrauen des Volkes, bedeutet eine völlige Verleugnung der Trennung der gesetzgebenden von den vollziehenden Organen, ja, das gerade Gegenteil, die Unterwerfung der Regierung unter jeden beliebigen Befehl des Parlamentes in jedem Augenblick. Wenn das parlamentarische System in der letzten Zeit oft so scharf kritisiert worden ist und der Kritik vielfach nicht standgehalten hat, so ist es deswegen, weil eine Staatsleitung, die von dem Hineinregieren durch viele Köpfe abhängt, in vieler Hinsicht technisch mangelhafter ist als eine weniger abhängige, aber nicht deswegen, weil ein logisch oder naturrechtlich notwendiges Prinzip der Trennung der Gewalten verletzt worden wäre.

Die alte grundsätzliche Unterscheidung zwischen der gesetzgebenden und der vollziehenden Gewalt kann also, mag sie auch als eine Art Arbeitsteilung gesetzgebungstechnische und verwaltungstechnische Vorteile bieten, bei der grundsätzlichen Betrachtung des Rechts beiseite gelassen werden. An ihre Stelle tritt die Unterscheidung zwischen der rechtsschöpferischen Kraft des Volkes auf der einen Seite und den vollziehenden Kompetenzen aller, auch der höchsten, der „gesetzgebenden" Organe des Staates auf der anderen Seite. Die Gesetzgebung im bisherigen Sinn ist nur eine Vollziehung höheren Grades, und zwischen den ausführenden Normen, die ein Verfassungsgesetzgeber im Namen des Volkes gibt und den geringfügigsten Verordnungen oder Verfügungen einer untergeordneten Behörde auf Grund gesetzlicher Ermächtigung ist eine nirgends grundsätzlich unterbrochene zusammenhängende Kette von Übergängen und Abstufungen denkbar. Es hängt vom positiven Recht ab, wie es die Zuständigkeit zur Befehlsgebung verteilt. Dagegen kann kein Gesetzgeber den Massen der Gehorchenden ihr Gewissen und Rechtsgefühl wegnehmen, daher auch dem Volke nicht die Eigenschaft, der oberste autonome Gesetzgeber über dem heteronomen positiven Recht und über dem Staat zu sein. Hier liegt also eine grundsätzliche, im Wesen des Weltgeschehens liegende „Trennung der Gewalten" vor. Diese Trennung ist uns schlechthin gegeben. Wir konnten sie zwar verkennen, aber wir können an ihrer Realität nicht rütteln, ohne unser Gewissen und Rechtsgefühl wegzuleugnen.

Das Verhältnis zwischen der übergeordneten rechtsschöpferischen Gewalt des Volkes und den ausführenden Gewalten der Staatsorgane wird von der ersteren beherrscht. Vor dem Richterstuhl des Volksempfindens wird entschieden, welche Maßregeln der Staatsorgane und welche Paragraphen des positiven Rechts wirkliches, autonomes Recht und welche Unrecht, Gewalt, bedingtes Müssen sind, mag dieser Prozeß auch oft infolge Zwanges oder infolge von Irrtümern über Tatsachen und Kausalzusammenhänge nicht in äußere Erscheinung treten und nur schwer erkennbar sein. Wir können im Sinne unserer früheren Unterscheidung sagen: Das Volksrecht ist das ursprüngliche Recht, das Juristenrecht ist ausführendes, abgeleitetes Recht.

Daher müssen alle staatlichen Akte, auch die Gesetze des Trägers der Kompetenzhoheit des positiven staatlichen Rechts, wenn man sie nicht als bloße Gewalt sondern als wirkliches „Recht", als Sollen verstehen will, auf eine wenn auch noch so weit gefaßte Vollmacht des Volkes als des in Wahrheit obersten Gesetzgebers zurückgeführt werden. Nicht nach Willkür kann der Träger der Kompetenzhoheit Gesetze geben, wenn er ein Sollen, wenn er wirkliches Recht schaffen will, sondern nur in Unterordnung unter das Volksrecht, das Volksempfinden.

Nun kann in den Formen unseres Denkens jeder höhere Befehl einen niederen, ausführenden, entweder so bestimmen, daß dieser durch die Hilfsmittel der juristischen Auslegung kategorisch eindeutig festgestellt werden kann, oder er kann dem ausführenden Organ eine rechtlich irrelevante disjunktive und in diesem Sinn „freie" Wahl zwischen zwei oder mehreren Möglichkeiten des Verhaltens, „freies Ermessen", geben. Dies kann hier nicht näher ausgeführt werden. Der Leser möge daher eine nochmalige Verweisung verzeihen. Ich habe das Grundsätzliche zu diesem Problem zuerst in dem im Felde geschriebenen Aufsatz: Kategorische und disjunktive Normen[1] zu entwickeln versucht und in meinem Beitrag zur Festschrift für Ranelletti[2] mit der Lehre von der Autonomie des Rechts in Zusammenhang gebracht. Eingehendere verwaltungsrechtstheoretische Untersuchungen zu dem Problem finden sich bereits in meinem Buch: Das freie Ermessen und seine Grenzen[3]. Eine Zusammenfassung und weitere Zitate enthält der Artikel: Zur Lehre vom freien Ermessen der öffentlichen Organe in: Juristische Blätter, 1931[4], und neuestens mein auch selbständig veröffentlichter Bericht: „Le pouvoir discrétionnaire" für die Tagung des Instituts International de Droit Public, 1934[5].

Für uns genügt es hier, das Folgende hervorzuheben:

Da der Träger der Kompetenzhoheit des positiven Rechtes im Staate nicht nach Belieben sondern nach einer begrenzbaren Vollmacht, nach „freiem Ermessen" vorzugehen berufen ist, so sind Mißbrauch des Ermessen und Überschreitung der Grenzen des Er-

---

[1] Archiv des öffentlichen Rechts, XXXIV, 1915, S. 162ff.

[2] Studi die diritto pubblico in onore di Oreste Ranelletti, Padua 1930/1, II. Band, S. 107 ff. (Übers. v. Prof. Carlo Girola).

[3] Leipzig und Wien 1910.

[4] 60. Jahrgang, Wien 1931, Nr. 16/17. [5] Paris 1934.

messens („excès de pouvoir“) auch durch die obersten Gesetze im Staate denkbar, mögen diese Fehler auch noch so schwer festzustellen sein.

Bedeutung für das praktische Rechtsleben können alle derartigen Betrachtungen im allgemeinen wohl nur da gewinnen, wo freie Volksbefragungen in dem oben erörterten Sinn die Feststellung des wahren Volkswillens ermöglichen. Zwar sind auch die jeweils Stimmberechtigten nur ein Teil und ein „Organ“ des Volksganzen, allein sie kommen bei allgemeinem Stimmrecht und Freiheit der Abstimmung dem Volksganzen so nahe, daß bei der Unvollkommenheit alles Menschenwerkes für die praktischen Zwecke des Staatslebens hier der sehr große Teil für das Ganze gesetzt werden darf: es ist wahrscheinlich, daß die Verteilung der sittlich-rechtlichen Anschauungen in einem sehr stark überwiegenden Teil des Volkes annähernd die gleiche ist wie kleineren Teilen, die nicht gefragt werden, und wie bei den künftig heranwachsenden Teilen, solange die Tatsachen gleichbleiben.

Wo solche freie Volksbefragungen positivrechtlich nicht vorgesehen sind, bleibt es bei demjenigen, was oben gelegentlich der Erörterung der Positivität des Rechts über die Bejahung der staatlichen Ordnung durch das autonome Rechtsgefühl gesagt worden ist. Die Macht im Staate ist dann vor Volksabstimmungen geschützt, die ihr ungünstig ausfallen könnten, dafür ist sie um ein Sicherheitsventil gegen Revolutionen ärmer.

Aus den Beziehungen zwischen dem Volk als der rechtsschöpferischen Gewalt und den ausführenden staatlichen Organen ergeben sich auch die Möglichkeiten der Stellung einer dritten, „richterlichen“ Gewalt. Die Besonderheit dieser Stellung soll nach der bisherigen Auffassung darin bestehen, daß der „Richter“ nur an die Befehle des Gesetzgebers, nicht an diejenigen der Exekutive gebunden ist und die ersteren gegenüber einem gesetzwidrigen Verhalten der Exekutive zur Geltung zu bringen hat. Zu diesem Zweck muß ihm eine weitgehende Sicherheit gegen Einwirkungen der Exekutive auf sein Urteil, muß ihm die sogenannte „richterliche Unabhängigkeit“ gewährt werden.

Die Verteilung der positivrechtlichen Kompetenzen zwischen den „gesetzgebenden“ und den „vollziehenden“ Organen im bisherigen Sinn ist nun, wie wir gesehen haben, eine willkürliche, in keinem notwendigen Prinzip begründete, und zwischen beiden

Arten von Kompetenzen sind die verschiedensten Übergänge und Zwischenstufen denkbar und kommen auch vor. Infolgedessen sind auch die Grenzen zwischen Justiz und Verwaltung positivrechtlich willkürliche und können fließende sein. Hier hat der Richter die Verfassungsmäßigkeit von Gesetzen des Parlamentes, vielleicht auch von Plebiszitgesetzen zu prüfen, dort ist er sogar an „Gesetze" gebunden, welche die Regierung erläßt. Hier sind Not- oder Ausnahmsverordnungen in irgend einem Umfang seiner Nachprüfung unterworfen, dort sind ihr selbst einfache Verordnungen in irgend einem Umfang, z. B. militärische, entzogen. Hier ist nur Zivil- und Strafrecht, dort auch Verwaltungsrecht in verschiedenstem Umfang Gebiet einer richterlichen Judikatur, oder es finden sich Mittelgebilde zwischen Verwaltungsgerichten und Verwaltungsbehörden in allerhand Abstufungen. Hier kann der Richter unter diesen Voraussetzungen von der Verwaltung auf einen anderen Dienstposten oder in den Ruhestand versetzt werden, dort unter jenen usw. Man kann sich alle möglichen Kombinationen ausdenken, es gibt keine im Wesen des Rechts begründeten Prinzipien, nach denen eine von ihnen als die allein richtige erwiesen werden könnte.

Wenn man sich dagegen den Standpunkt zu eigen gemacht hat, daß das Volk die schöpferische Quelle des Rechts ist und daß ihr gegenüber alle staatlichen Organe nur ausführende Organe sind, so ist ein Organ denkbar, welches auf Grund einer Bevollmächtigung durch das Volk und im Rahmen einer bestimmten ihm vom Volk übertragenen Kompetenz *zu prüfen hat, ob das Verhalten der anderen Staatsorgane dem Volksrecht, dem Rechtsempfinden des Volkes entspricht.* Die Stellung eines solchen Richters würde gegenüber der bisherigen Auffassung gewissermaßen um eine Stufe gehoben: er hätte im Namen des Rechtsempfindens des Volkes *alle übrigen* staatlichen Organe mit Ausnahme des im freien Volksentscheid organisierten Volkes zu kontrollieren und müßte zu diesem Zweck auch vor der Beeinflussung durch *alle übrigen* staatlichen Organe mit Ausnahme des im freien Volksentscheid organisierten Volkes gesichert sein.

So zeigt sich uns, von wesentlich anderen Prämissen als denen der Freirechtsschule aus, daß die Forderung dieser Schule, der Richter solle unter Umständen auch gegen das Gesetz entscheiden, einen berechtigten Kern hat. Aber wenn ein Richter die hier vorausgesetzte Stellung hätte, so dürfte er nicht nach eigenem Rechtsgefühl entscheiden, sondern, vielleicht auf Grund sehr schwieriger induktiver Forschungen, auf Grund des Rechtsgefühls des Volkes. Ferner wäre nicht einzusehen, warum sich seine Gewalt gerade nur auf das Zivilrecht erstrecken dürfe und nicht vom Volke als Auftraggeber auf das ganze Recht, insbesondere selbst auf die Fundamentalsätze des positiven Verfassungsrechtes ausgedehnt werden könne.

Die Einsetzung von Gerichten mit so weitgehenden Befugnissen und einem entsprechenden wirksamen Schutz ihrer Unabhängigkeit würde ein zweites Sicherheitsventil gegen Revolutionen darstellen, ein Ventil, das sich leichter und öfter betätigen könnte als jenes der Volksbefragungen. Aber erst muß das Verhältnis zwischen dem Volk als der rechtsschöpferischen Gewalt und den vollziehenden Staatsorganen geklärt und in der Verfassung rückhaltlos anerkannt sein, bevor man daran denken kann, auch noch so sorgfältig ausgewählte richterliche Persönlichkeiten mit einer solchen Machtfülle zu umkleiden.

Solange die Menschheit oder doch die führenden Völker nicht dazu gelangen, durch allgemeine freie Volksbefragungen und durch Richter, die ausschließlich unmittelbar vom Volk abhängig sind, das Volksrecht zur Geltung zu bringen, kann nur die Weisheit der Staatslenker und obersten Staatsorgane dahin wirken, daß das jeweilige positive heteronome Recht in möglichst weitem Umfange dem vermutlichen Rechtsempfinden der Gehorchenden, der Stimme ihres Gewissens und Rechtsgefühls, entspricht. Es ist dies, bei dem heutigen mangelhaften Stand unseres Wissens um das Recht und für unsere bisherigen Erkenntnismittel, eine äußerst schwierige Aufgabe, und ihre künftige Inangriffnahme würde an die Willenskraft und Initiative, die wissenschaftliche Schulung, die Objektivität und die Selbstlosigkeit der Staatslenker die größten Anforderungen stellen. Wenn in Zukunft dieser Weg beschritten werden sollte, werden sich die unvergänglichen Worte Platos bewähren: „Nicht eher werden die Übel in den Staaten, ja beim Menschengeschlecht aufhören, ehe die Männer der Wissenschaft zur Regierung kommen oder die Regierenden Wissenschaft treiben.“ Nur dürfen wir Plato, zu dessen Zeiten es noch keine Arbeitsteilung in der Wissenschaft gab, ergänzen, indem wir sagen: Wissenschaft heißt hiebei in erster Linie: philosophisch geschulte voraussetzungslose Wissenschaft von Sittlichkeit und Recht, Staat und Gesellschaft.

Wir haben die Mittel und Wege kennen gelernt, durch die der tausendjährige Gegensatz zwischen dem Volksrecht und dem Juristenrecht vielleicht allmählich überwunden werden und alles heteronome staatliche Recht mit dem Gewissen und Rechtsgefühl der Gehorchenden immer mehr in Einklang gebracht werden könnte. Wenn die Menschheit oder ein führendes Volk diesen Weg einschlüge, so würde damit der erörterte weltgeschichtliche Prozeß, vermöge dessen nach und nach die Gewalt unter den Menschen durch sittlich-rechtliches Handeln verdrängt wird, Gegenstand bewußter planmäßiger schöpferischer Gestaltung. Dann wäre das allgemeingültige „richtige Recht“ ein Ziel, das zwar wohl niemals vollkommen, aber doch in Annäherung erreicht werden könnte.

Niemand kann mit Sicherheit wissen, ob unsere Zukunft diese Bahn beschreitet, noch, wie das Idealrecht beschaffen ist, dem wir uns nach der vorliegenden Hypothese nähern würden. Aber ich glaube: seitdem es ein Gewissen und Rechtsgefühl der Menschen gibt, trägt jeder ein Stück des Idealrechts in seiner Brust, der Selbstloses will.

GPSR Compliance

The European Union's (EU) General Product Safety Regulation (GPSR) is a set of rules that requires consumer products to be safe and our obligations to ensure this.

If you have any concerns about our products, you can contact us on ProductSafety@springernature.com

In case Publisher is established outside the EU, the EU authorized representative is:

Springer Nature Customer Service Center GmbH
Europaplatz 3
69115 Heidelberg, Germany

Batch number: 10844623

Printed by Printforce, the Netherlands